August Schmarsow

Giovanni Santi, der Vater Raphaels

August Schmarsow

Giovanni Santi, der Vater Raphaels

ISBN/EAN: 9783743485693

Hergestellt in Europa, USA, Kanada, Australien, Japan

Cover: Foto ©ninafisch / pixelio.de

Weitere Bücher finden Sie auf **www.hansebooks.com**

GIOVANNI SANTI
DER VATER RAPHAELS

von

AUGUST SCHMARSOW

Mit einer Lichtdrucktafel
nach einem Fresco Santi's in Sta. Croce zu Urbino

BERLIN NW.
DRUCK UND VERLAG VON A. HAACK.
1887.

Giovanni Santi, der Vater Raphaels.

Von August Schmarsow.

I. Der Dichter.

„Ne sì el pennel della penna è diforme
Che in ciò bisogni variata cura."

Die neueste Raphaelforschung, die über Passavants grundlegende Stoffsammlung hinauszukommen strebt, hat sich mit Vorliebe der Jugendzeit des Urbinaten zugewandt. Begreiflicher Weise; denn wie sollte ein befriedigendes Verständnis für die Entstehung seiner Meisterwerke gewonnen werden, wenn es nicht zuvor gelang, die Rätsel seines frühen Wachstums zu lösen? Aber allem Bemühen um die Lehrjahre Raphaels mangelt der natürliche Ausgangspunkt, so lange man seinen Vater, als Menschen sowohl wie als Künstler, nicht gründlich kennt. Schon Passavant hatte das Gefühl gehabt, und deshalb sein Buch „Rafael von Urbino und sein Vater Giovanni Santi" betitelt. Hier galt es auch für die neueren Ansätze das feste Fundament zu schaffen, nachdem die Monographie von Pungileoni, und Passavant als sein Vermittler, uns gelehrt hatten, dafs „Giovanni de Santi" wie als Maler so auch als Dichter unsere Beachtung fordere. Crowe und Cavalcaselle haben seine Malereien einer genauern Würdigung unterzogen; aber ihr Urteil ist durch die Meinung beirrt, dafs er ganz eng zu den Meistern Westumbriens gehöre, und da es ihnen nicht gelungen war, die Stellung des Melozzo da Forlì in Urbino deutlich genug herauszuarbeiten, so werden auch die Beziehungen Santis vielfach durcheinandergeworfen. Vor Allem aber drängt sich die Beobachtung auf, dafs die Individualität dieses Mannes in seinen Bildern nicht voll und frei zum

Ausdruck gekommen, dafs Mangel an Übung und Ausbreitung ihn hinderte, in dieser spät erlernten Kunst sich ganz zu geben. Es gährt und ringt noch mehr in ihm, von dem wir nicht absehen dürfen, ohne ihm Unrecht zu thun, und dies zu fassen kann nur dem gelingen, der ihn zugleich als Dichter betrachtet. So allein kann auch die höhere Aufgabe erfüllt werden, den Genius des Hauses zu erkennen, der an Raphaels Wiege gesessen und die Eindrücke seiner Knabenzeit bestimmt hat, d. h. die wertvollste Mitgift fürs Leben. Haften doch diese Bilder unauslöschlich, wie spätere selten, und wirken, sei es auch unbewufst, notwendig weiter als erste Nahrung der ererbten Organisation.

Treten wir in das Heim eines Dichters, und sei er noch so bescheiden, so fragen wir nicht nach Muhmen und Basen und sonstiger Gevatterschaft, nicht nach Familienklatsch und Erbschafts-Angelegenheiten, mit denen uns Passavant ebenso angelegentlich als rührsam behelligt. Das ist ein Unfug, der aus Überschätzung notariellen Urkundenmaterials hervorgeht, weil man das Bedürfnis fühlt, mehr für den innern Menschen herauszuquetschen, als solche Schreibstubenwische enthalten können. Und wer wird den Poeten Hans Sachs, weil er ein Schuhmacher gewesen, nach seinem Leisten fragen? Wir möchten vielmehr eine Vorstellung von seinem geistigen Dasein gewinnen, die Welt einmal nach seiner Art anschauen, und vom Mittelpunkt seines Bewufstseins aus die Weite seines Gesichtskreises ermessen. Der Bildungsstoff, den er sich durch den Kopf hat gehen lassen, der Besitzstand seiner Phantasie, der ihm bei poetischen Versuchen zu Gebote steht, was aus eigener Erfahrung oder aus Büchern ihm zugewachsen war, als er selbst zu schreiben begann, — danach hätten wir zu forschen, und darin würden wir eine Weile die geistige Atmosphäre atmen, in der das Söhnlein des Malerpoeten, der junge Raphael, aufwuchs.

Wir besitzen von Giovanni Santi nichts Geringeres als ein grofses umfangreiches Epos, das er zu Ehren seines Landesfürsten gedichtet.[1]) Er selbst bezeichnet sein Werk beim Eingang der

---

[1]) Nach Pungileoni, Elogio Storico di Giovanni Santi, Urbino 1822, gab zunächst Puccinotti im Giornale arcadico, Tomo X, 1831, pag. 107—122 eine „Nota ... intorno la vita di Federico Feltrio duca d'Urbino, scritta in versi da Giovanni Sanzio Urbinate, padre del divin Raffaello;" dann Gaye im Kunstblatt 1836 (geschrieben 1834) „Mitteilungen aus einer unedierten Handschrift von Giovanni Santi, Vater Raffaels", p. 353 ff. Darauf (1839) Passavant, der sich einen Auszug aus dem Codex

eigentlichen Erzählung „Principio del opera composta da Giohanni de Santi pictore, nela quale se contiene la vita e gesti de lo Illmo et invictissimo Principo federico feretrano Duca de Urbino." Die stattliche Handschrift der Vaticana, Cod. Ottobonian: 1305, füllt nach einer Vorrede an den jungen Herzog Guidobaldo, dem sie überreicht werden sollte, nicht wie Passavant angiebt 224, sondern, wie schon Dennistoun berichtigt hat, 344 Folioblätter, gewöhnlich zu zweimal 33 Zeilen in terza rima. Es ist das einzige bisher bekannt gewordene Exemplar, und zwar die erste Reinschrift, die der Verfasser freilich nicht selbst geschrieben, aber eigenhändig durchzubessern begonnen hat. In die Hände des Herzogs Guidobaldo scheint sie nicht gelangt zu sein; denn der Codex stammt nicht aus der urbinatischen Bibliothek, sondern aus

---

machen lassen, den er selbst offenbar nicht aus eigener Anschauung kannte; sonst wäre die Auswahl vielleicht anders ausgefallen. Mit den Proben, die er im Anhang seines ersten Bandes ausschüttet, weiß er für die Charakteristik des Verfassers wenig anzufangen. Dennistoun bringt in seinen Memoirs of the Dukes of Urbino, London 1851, viele Citate gelegentlich an, teilt aber größere Abschnitte nur in englischer und wenig verläßlicher Übersetzung mit.

Seit dem Winter 1879/80 bin ich im Besitz einer Abschrift, die ich selbst in Rom angefertigt, behufs Herausgabe des ganzen Werkes. Die Druckerei der Accademia Raffaello hatte sich 1880 bereit erklärt, die Publikation zum Jubelfest 1883 in Urbino erscheinen zu lassen. Die Rücksicht auf die Unterstützung des königlich preußischen Ministeriums, mit der ich nach Italien gegangen war und auch die Herausgabe zu ermöglichen hoffte, bestimmte mich das günstige Anerbieten des urbinatischen Verlegers, Righi, wieder preiszugeben und den Prospekt, der in vier Sprachen gedruckt werden sollte, zurückzuziehen. Seitdem haben andre Arbeiten, mit denen ich meiner Wissenschaft besser zu dienen glaubte, die Ausführung der versprochenen Publikation zurückgedrängt, besonders da ein so umfängliches italienisches Opus einen deutschen Verleger nicht reizen konnte. Natürlich ist in meinen Schriften wiederholt von der Kenntnis des Manuscriptes Gebrauch gemacht und in italienische Zeitschriften die Nachricht von der Herausgabe gedrungen, besonders da ich einen Beitrag im „Raffaello" (XII, 7) mit den Worten geschlossen hatte „spinto dal desiderio di contribuire da parte mia al giusto apprezzamento del padre di Raffaello, mi adoperorò di offrire il risultato dei miei studj intorno a lui come pittore e poeta." Neuerdings erschien (Mai 1886) in meinem „Melozzo da Forlì" eine der schwierigsten bisher unbekannten Stellen der Handschrift (S. 350 ff.). Jetzt kündigt Herr Dr. H. Holtzinger, Privatdocent in Tübingen, der im Winter 1879—80, als ich den Codex der Vaticana abschrieb, Stipendiat für christliche Archäologie in Rom und Hausgenosse im archäologischen Institut war, in einem Prospekt vom August 1886 die Herausgabe des ganzen Werkes an, das im Laufe dieses Jahres bei Kohlhammer in Stuttgart erscheinen soll. Es bleibt mir also nur noch übrig, meine Studien über das Gedicht Santis hier zusammenzufassen, soweit dies in einem einzelnen Aufsatz geschehen kann.

der Sammlung Ottoboni, und das Abbrechen der Korrekturen von Santis Hand erzählt uns wohl die Ursache: sein Tod am 1. August 1494 ist dazwischen getreten.

Schon die Schriftzüge der Hand, welche das Vorwort an Herzog Guidobaldo verbessert und mit einem abgekürzten Schlufs versehen hat, verraten die Spuren der Unsicherheit (Facsimile bei Dennistoun, II, p. 450). Da wir aber dem Inhalt dieser Eingriffe nach, gerade in ihr die Hand des Autors selbst erkennen müssen, so bleibt bei einem Manne, der 1492 die zweite Ehe schlofs, wohl nur die Annahme übrig, dafs diese Unsicherheit seiner Hand schon von der Krankheit herrührt, die sein Ende vorbereitet. Er war im Jahre 1494, wohl im Frühling oder zu Anfang der Sommermonate in Mantua gewesen, um im Auftrage seiner Herzogin Elisabetta Gonzaga das Bildnis ihres Bruders, des Bischofs von Mantua, Lodovico zu malen, war als Gebirgsbewohner drunten in der wasserreichen Stadt erkrankt, sodafs er ohne das Porträt zu vollenden, heimwärts floh, und hatte sich auch dort nicht wieder zu arbeitsfähiger Frische erholen können. Die Folgen des Sumpffiebers rafften ihn hin vor der Zeit, ganz ähnlich wie später seinen Sohn Raphael mitten in den Ausgrabungsarbeiten zu Rom.

Ungeduldig schneidet er einen gelehrten Umschweif, der sich gerade auf Plato berufen will, ab und schliefst seine Widmung mit den Worten: „Pregandoti humilmente ryguardi ly gloriosi fatti del tuo famoso padre, e non la basseza del myo style, ornato solo da me dy quella sincer fede che deue vn fydeli S(ervo) al suo S(ignore)."

Darnach können wir mit Hülfe weiterer Angaben die Entstehungszeit des Gedichtes ermessen. Die Reinschrift, die wir besitzen, war nicht lange vor seinem Tode, wahrscheinlich erst bei seiner Rückkehr aus Mantua vollendet, sodafs er daran gehen konnte, sie durchzusehen zur beabsichtigten Überreichung an Guidobaldo, den bald darauf die französische Invasion als Bundesgenossen des Königs von Neapel auf den Kriegsschauplatz nötigte. Begonnen aber war die Dichtung, wie Santi selbst erwähnt, nach dem Tode seines Helden Federigo, der am 10. September 1482 im Schlofs zu Ferrara — auch einem Sumpffieber, das er sich im Lager bei Stellata in den Po-Niederungen geholt — erlag. Auf diesen Todestag verlegt Giovanni die wunderbare Vision, durch die er zu dem kühnen Unternehmen begeistert worden.

Die poetische Ader Santis war nicht so unbekannt, wie man annehmen könnte. In einem Pergamentbändchen der ehemaligen Bibliothek von Urbino, (Cod. Urb. lat. 785), das ebenfalls Lobgedichte auf Federigo enthält,[1]) das erste von 1480 datiert, das letzte erst nach dessen Tod entstanden, — findet sich ein merkwürdiges Zeugnis. Antonio von Mercatello, allerdings nur ein Bänkelsänger, aber doch ein Augenzeuge gleichsam, giebt seinem Büchlein folgende Stanze mit auf den Weg ins Herzogsschlofs:

> „Libretto mio, se sei palesato
> Lì in Urbin fra quel merchatantj,
> E che sei lecto in pian de merchato,
> O dalle donne, o da Giohan de Santj,
> Voglo ch'a luj tu si ricomandato,
> Che te correghi, — che secondo Dantj
> Di el nome mio che fuoi l'auctore,
> E spero ch'el farà per mio amore."

So ungeschickt dieser Reimschmied seine Muttersprache handhabt, so geht aus seinen Versen doch soviel hervor, dafs auf dem Marktplatz von Urbino (Pian di Mercato), wo Kaufleute und Frauen gelegentlich auch Gedichte lasen, vielleicht gar vortrugen, d. h. im öffentlichen Leben der kleinen Residenz Giovanni di Sante nicht unbekannt war als Poet und sachverständiger Kritiker. Ja, aus den letzten Andeutungen könnte man schliefsen, dafs dieser selbstzufriedene Sänger von Mercatello seine Ausbildung unserm Dichter dankt, und seinem Meister und Freund die Korrektur der „cinque cento setanta doi stanze" zumuten möchte, deren er sich am Schlufs seines Bändchens rühmt.

Dafür bezeichnet er ihn als zweiten Dante! Darin gipfelt sogar die ganze Reimerei seiner Strophe; aber um so unmafsgeblicher ist dieser Vergleich bei einem so beschränkten Kopf, der von der Gröfse Dantes sicher nur eine höchst nebelhafte Ahnung hatte. Allerdings, während Antonio di Francesco Nuzi sich jämmerlich abmüht Ottave rime zu drechseln, wählt Santi die Form der Commedia Dantes und weifs seinen epischen Stoff mit ziemlicher Leichtigkeit in dreifache Reimverschlingung zu flechten. Aber weder die Reinheit des rhythmischen Flusses, noch die Korrektheit des Gleichklangs am Ende macht ihm viel Skrupeln, obwohl der Bau seiner Terzinen, wie sein Reimregister überall bezeugen, dafs er die

---
[1]) Vgl. Näheres in m. Melozzo da Forli, Anhang pag. 353 ff.

Dichtung des großen Florentiners zu erfassen und sich anzueignen gesucht, so viel in seinen Kräften stand. Die äußere Form liegt ihm im Ohre, sie ist für ihn der Inbegriff poetischen Stils überhaupt; aber schon die Sprache bereitet ihm Schwierigkeiten. Man war in ganz Italien dem reinen Italienisch Dantes nicht so nahe geblieben; gerade die gebildete Redeweise glaubt sich nur dadurch als solche über den Durchschnitt zu erheben, daß sie lateinische Reminiscenzen, sei es in der Konstruktion, sei es gar in der Wahl des Ausdrucks selbst, ja bis in die Flexion hinein aufnimmt. Dazu kommt, daß dem schlichten Bürger der kleinen Gebirgsstadt solche gelehrten Allüren nicht wohl zu Gesichte stehen. Er versucht auch nicht viel davon; desto mehr aber macht ihm der derbe Dialekt seiner heimischen Alltagssprache zu schaffen, und der Konflikt mit dem klassischen Vorbild wird um so stärker, je weniger der getragene und durchgeistigte Schwung der Dante'schen Ausdrucksweise für die größere Masse eines Stoffes, wie die Kriegsabenteuer eines Condottiere, den ersehnten Anhalt bot. Die ungünstige Sachlage war eben nicht Schuld unseres Poeten, und so mögen diese Winke genügen, zumal da es nicht unsere Aufgabe ist, das Epos Santis als Sprachdenkmal in die italienische Litteratur einzureihen, sondern nur den poetischen Inhalt zu würdigen. Die mitgeteilten Proben bei Passavant, Dennistoun und hier gewähren dem Kundigen Aufschluß genug.

Inhaltlich interessiert nun zunächst ganz besonders der lange „Preambulo", welcher dem eigentlichen Epos vorangeht, ja man möchte fast sagen, daß er die Hauptmasse des Werkes an poetischem Wert überwiegt. Dieser „Prologo, inelquale se tracta una visione in somno, acomodata molto a lopera sequente" ist wirklich mit Begeisterung geschrieben; hier wirkt auch die Anregung seiner Dantelektüre lebendig nach; hier werden Motive von dem großen Zuschnitt der Commedia erfaßt und im Sinne des Renaissancebewußtseins verwertet; hier bietet sich Gelegenheit, ein Stück eigener Auffassung von den geistigen Mächten des Daseins und der Geschichte der Menschheit zu entwickeln.[1]

Mit sich selbst zerfallen, von dem alten Leid, wie wenig sein Können dem innern Schaffenswunsch entspricht, bekümmert, geht

---

[1] Fol. 1—24. Das erste Kapitel bei Passavant, allerdings, besonders zu Anfang, nicht fehlerlos.

er an einem Herbstmorgen ins Freie hinaus, gebeugt wie ein Zugtier unter der harten Rute eines heftigen Hirten, mehr als demütig." Der quälende Gedanke wirft ihn zu Boden; aber durch himmlische Gnade befällt ihn tiefer Schlaf, und ein Traum entrückt ihn aller irdischen Mühe. „Was machst Du," hört er eine Stimme rufen; „achtest Du die Zeit nicht für ein Gut, das weggeworfen nie sich wieder findet?" Der Drang ein neues Leben zu beginnen treibt ihn höher und höher auf steilem Pfad hinauf, zu rauhen Felsen, wo kein Grün mehr keimt, und statt der klaren reinen Flut, nur blutige Bäche durch die Klippen rinnen. Und diese starren rings von Waffen und Trophäen. Dann erkennt sein Auge auf freiem Platz, der sich wie ein Theater gegen Süden öffnet, einen schmucken Tempel, und dabei das edle Volk des wilden wutentbrannten Gottes „der des Himmels fünften Umkreis dreht und leitet," d. h. die Helden, die ihren höchsten Ruhm in Waffenthaten suchten. Von dem Anblick geblendet, kommt ihm die Unzulänglichkeit seines Fassungsvermögens wieder zum Bewufstsein und er fleht zu Apoll und den Musen ihm zu helfen, damit er zu schildern vermöge, was er geschaut: — „Mifsachtet nicht das eifrige Bemühen, das ich der edlen Malerkunst gewidmet; auch sie verdienet hohe Ehr von euch! Ja sie erscheint euch ähnlich von Natur; So ungleich nicht sieht Feder sich und Pinsel, dafs völlig andrer Übung sie bedürften."

Im zweiten Kapitel beschreibt er den Tempel des Mars, wobei ihm augenscheinlich, wie Pafsavant bemerkt, die Schilderung vom Tempel des Sonnengottes in Ovids Metamorphosen vorschwebt. Aber durch die Anschaulichkeit seiner Vorstellungen gewinnt auch seine Dichtung den eigenartigen Charakter, und zwischen den antiken Säulen bemalt er das Heiligtum ganz im Geschmack eines italienischen Quattrocentisten, mit den Wappen seines Herzogs Federigo Montefeltre in schönem Lorbeerkranz und den Abzeichen des Hosenband-Ordens, die auch in den Dekorationen des Schlosses von Urbino so vielfach wiederkehren. Drinnen in der Halle drängen sich die glänzenden Schaaren der Helden um den thronenden Gott, dem sie gedient. Wie auch er schüchtern sich nähert, bemerkt ihn lächelnd ein würdiger Mann und fragt ihn, wie er dahin gekommen sei. Es ist Plutarch, der sich nun auf die Gegenfrage des Eindringlings zu erkennen giebt, und dieser Biograph so vieler Berühmtheiten übernimmt die Rolle des wohlwollenden Führers und Erklärers, wie bei Dante Vergil.

Il tempio di Marte[1])

Cap. II. fol. 3b—5a.

Poichè negli occhi mei quel splendor santo
    Forza me dette a remirare el sole,
    Dal qual ei se partía cum vallor tanto,
Tacito e lieto li senza parole
    Guardando el templo io vidde tante cose,
    Che non saperle dir me punge e dole.
El templo era in colonne alte e pompose
    Dun forte acciaio, e intorno vi pendea
    Molti trophei et arme luminose,
Si como Giove in Capitolio havea
    Davante al templo la sua antica fronde
    Piena de spoglie quando el se vincea,
Et di qualunque mai fuoron gioconde
    Al mondo le battaglie per suo honore
    Ivi eran consecrate piu ch'altronde.
Et infra l'altre cum supremo honore
    Io viddi un scudo d'un bel lauro cinto
    In alto posto como vincitore,
Entro del qual cum chiar modo distinto
    L'uccel di Giove io viddi in campo d'oro,
    Poi de sei liste un quartier v'è distinto
D'oro e de azurro, el cui nobil lavoro
    In campo rosso veran due gran chiave
    Qual sonno electe al sacro concistoro,[2])
E un cerchio d'oro ancor quel desopre ave
    Carco de pietre e chiare margarite
    Che la mia vista fe al veder suave
Poi intorno a queste veran stabillite,
    Pria da man dextra una cintura tonda
    Con un pendente, et entro eran scolpite
Letter, le quale a noi par che risponda:
    „Pofsa perir chi pensa altro che bene"[3])
    Et la natura e'l ciel qui lo confonda;
Dalla sinistra poi veran catene
    D'or, che teneano uno splendido munile
    Composto d'oro, el qual tal ordin tiene:

---

1) An der Schreibweise des Originals ist nur so viel geändert, als zur Erleichterung des Lesens unbedingt erwünscht schien, d. h. die Zusammenziehungen, besonders von Artikel und Substantiv, aufgelöst, und v von u unterschieden.

2) Das Wappen von Montefeltre mit dem Abzeichen eines Schirmherrn der Kirche darin.

3) Er meint die Inschrift des Hosenbandordens „Hony soit qui mal y pense."

Molte sedie infoccate, e cum gentile
    Modo composte, et infra ciascuna era
    Un tronco cum dui isti, qual d'aprile
Verdegia el mondo; a quel desotto v'era
    Un verde prato, et questo stava intorno
    A quella insegna nel bel scudo altera,
Et questo era nel fronte dello adorno
    Portico magno, cum tal pompa et gloria,
    Che parean l'altre baverne da lei scorno.
Poi pianamente a me nella memoria
    Ritornò haver più volte al mondo visto
    Un simil scudo adorno de victoria.
Et interamente de cio facto acquisto,
    Io dissi meco: questa è l'alta insegna,
    Senza la quale el mondo è de error misto,
Questa e de Montefeltro excelsa e degna
    Victrice et triumphante Aquila sola
    Che sopra ogni altra de excellentia regna;
Questa e quel arme che pel mondo vola
    Cum fama et summo honor: questa e colei
    Che dogni gran vertù è si nobil scola.
Cusi da quivi attenti gli occhi mei
    Al contemplare un tacito rumore
    Me tolse dindi a rimirar più lei,
Et dentro al templo cum tremante core
    Entrando io, viddi prima nell' intrare
    Cum vista acerba el crudo alto furore,
Poi in mezo al tempio viddi fiamegiare
    Ragi di sole, i qual parean de fuoco,
    Che ancor di nuovo me fece abagliare.
Ma facto nei mei occhi a poco a poco
    Forte e possente, io viddi sublevato
    Nel più suppremo et eminente luoco
Sopra un chiar segio, d'arme lustre armato,
    Un rubicondo dio, col pecto ignudo,
    Senza elmo in testa, col viso infocato,
La spada tenea in man, dal altra un scudo
    De diamante et poi la lancia acuta
    Ensanguinata cum aspecto crudo.
S'io mai tremai, in tal prima veduta
    Quasi ch'io venni di spavento manco;
    Ma como a quel ch'el ciel per gratia aiuta,
Io fui da quel chiar dio possente e franco
    Facto nel remirare, onde humilmente
    Non fui del contemplar mai satio e stanco.
Et viddi el templo pien de nobil gente
    Varie di patrie, d'habiti e costumi,
    Et de omni antica ettade ivi presente,

> Et tucti in testa acesi havean chiar lumi
> Qual più, qual men, quantunque a ognun parea,
> Como e dei cor human proprii costumi
> Che ognuno el suo per lo più chiar tenea,
> Et quasi che al veder qual magiur fosse
> Giudicar iusto certo io noñ sappea;
> Perche d'alcun le corporal sue posse
> L'ingegno de altri molti vie passava
> Ma di tal vista un huom grave mi mosse,
> El qual poi che se accorse, ch'io mirava
> Cum dubio gl'huomin chiar, ridendo difse
> Quel che a me piacque, ben ch'io nol pensava:[1])
> „Giovin, si gli occhi tuoi son tanti or fissi
> Al remirar costor cum maraviglia,
> Dei quali io comparando anco alto scrissi,
> Alcun stupor gia dentro me ne piglia,
> Ma ben vorrei sapper, per qual via sei
> Venuto a contemplar l'alta famiglia?
> Et io a lui: per gratia degli dei.
> Il camin non so gia, benchè amor, prima
> Havendo vinto el corpo e i sensi mei,
> Alzò mia bassa speme in tanta cima
> Pel chiaro ogietto ch'a me pose avante,
> Che di cose alte sempre lo fei gran stima;
> Ma queste genti che di gloria tante
> Son lieti e alteri avrei caro sapere
> Qual sieno, et quale è quello, che contemplante
> Honoran quivi? . . . .

Plutarch bekennt, daſs er selbst sich in seiner Würdigung einzelner Helden dereinst hat beirren lassen, und erteilt nun die höchsten Ehren, nach besserer Einsicht, dem Julius Caesar, der Alexander doch weit übertreffe, und dem Scipio; also Römern müssen die Griechen nachstehen. Eine lange Reihe von Namen wird aufgezählt, wie es auch Dante und Petrarca bei ähnlicher Gelegenheit lieben. Nur hier und da einmal verrät ein eingestreuter Zug zur näheren Charakteristik, daſs die Beziehungen dieser Männer dem guten Urbinaten wirklich vertraut sind, und daſs er namentlich Plutarch, der dabei maſsgebend ist, auf irgend eine Weise kennen gelernt haben muſs, sei es durch einen gelehrtern Freund in der Bibliothek des Herzogs oder durch Vorlesungen daraus, die sich Federigo und die Seinigen halten lieſsen. Wie bei Dante die

---

[1]) Die folgenden Verse bei Passavant, aber mit willkürlichen Veränderungen des Abschreibers, denen ich die nächsten Terzinen gegenüberstelle.

Schatten in der Unterwelt auch ihre Leidenschaften, ihre Liebe und ihren Haſs noch bewahren wie einst, so auch hier die verklärten Jünger des Mars. Scipio gegenüber steht „jener berühmte Hannibal, der noch sich kränkt, von ihm besiegt zu sein." Da sind Pompejus und „der andere Africanus, durch den Numantia und Carthago noch heute bittres Leid haben", dort Camillus, der seine Hand dem Themistokles reicht, dem es gelang die Pläne eines Xerxes zu vereiteln; dort Philipp, der seinem grofsen Sohn den Vorrang nicht zu gönnen scheint; hier Antoninus Pius, Nerva, Trajan und Hadrian mit Titus und Vespasian zusammen, Marc Anton, der über Amor und sich selber klagt, Papirius Cursor, Titus Flaminius und Paulus, der sein Leben bei Cannae in solchen Ehren liefs; sieh, den Sohn so grofs und stolz, der sich noch seines schönen Triumphes freut, Marco Marcello und viele Griechen, die ihr Haupt mit Epheu und Lorbeer bekränzt.

Mit Romulus, dem eignen Sohn des Mars, beginnt das dritte Kapitel. Remus und vier andere Könige folgen, Fabius, die beiden Catone, Virginius, Brutus und der edle Torquatus (!), so unbarmherzig gegen sein eigen Kind, Manlius Capitolinus, Lucius Dentatus, Epaminondas, Aristides, Fabritius und Cincinnatus, Hamilcar und Xantippus, Marcus Regulus, Aemilius, der in Toscana die Gallier besiegt; nicht weit dahinter Ninus, mehrere Darius, Cyrus und Mithridates mit vielen alten Königen und Artaxerxes, und ängstlich zwischen ihnen der weinende Xerxes, mit Leonidas, der noch dem einstigen Feind zu drohen scheint, Mutius Scaevola, der seine Rechte, die geirrt, ins Feuer streckte, Horatius Cocles, Sylla, von Bürgerblut triefend, Marius, Sertorius, Domitius und Carbo; „sieh hier jenen königlichen Jüngling, von welchem Hochsinn strahlt sein Angesicht, wie er sich vielen voranstellt: es ist der Epiroten wohlbekannter Herr, der Rom einst angriff und beim Sieg gestand, beim zweiten Anprall sei er selbst verloren." Alkibiades und Koriolan werden ganz so verglichen wie Plutarch es gethan. Laelius und Massinissa stehen mit anderen Römern in einem Kreis, Livius Salinator, der über Hasdrubal triumphiert, und Claudius, der Hannibal erzittern machte; die Decier hier und zahlreiche Griechen, wie Philopoemen, Perikles, Eumenes, Lysander, Timoleon, Antigonus „Egide (Agis) Gilippo", Agesilaus. Dann fallen ihm die Helden Homers ein: Achill, Hector, der schlaue Ulysses und Ajax, auch Herkules und Theseus, sogar Nestor, Agamemnon und sein Bruder, „dem es bitter ward, vom Himmel eine so schöne Frau zu erhalten," dann die Sieben, die Theben zerstört; noch wieder römische Sieger und selbst die Amazonen:

„Ecco qua le legiadre e bionde chiome
Che gia non parver sesso feminile
Portando de victorie excelse some
Tucte in un cierchio in habito gentile,"

Zenobia, die Babylon gedemütigt, um selbst dann in Rom vor dem Triumphwagen zu gehen, und Artemisia, darauf „jenes Weib, das seines Sohns beraubt, den Cyrus tödtete, und immer höher steigt im Ruhm;" Camilla noch, die jungfräuliche Maid; — „aber lafs es genug sein, was soll ich alle alten Schatten nennen!" — „Nur das möcht' ich noch erfahren, wer ist dieser, der umgeben von einer dicht gedrängten Schaar hervorwandelt?" „Der königliche Greis, — Du fragst mit Recht — ist Karl der Grofse!"

Damit treten wir ins Mittelalter, das allen Köpfen der humanistischen Zeit vorkam wie eine lange Nacht. So werden wir auch hier überraschend schnell aus dem Altertum in die lebendige Tradition der Gegenwart hinüber gerissen. Nur Federico Barbarossa taucht noch auf, — „che al papa perdonar ancor se pente," — dann folgt der grofse Ottomane, der bis ans Adriameer gedrungen, und Scanderbeg „ch'el fece humile Col ferro in mano, io dico Giovan Bianco, Fedel de voto et più che altro gentile," — drauf unerwartet „Uson casano, che a gran fortuna non seppe seguire", der Perserkhan Usun Hassan, der 1472 dem Türkensultan so grofsen Vorteil abgewann, doch nach der Schlacht bei Terdschan nicht zu behaupten wufste. Giovanni Santi weifs von ihm, weil er, bemüht die Herrscher des Abendlandes zu einem Bündnis zu gewinnen, auch an Federigo von Urbino Gesandte geschickt.

So stehen wir mitten im historischen Bewufstsein des Renaissancemenschen, und der Kreis der kriegerischen Gröfsen, die hier gerühmt werden, kehrt überall wieder, wo dasselbe Thema in Kunst und Litteratur behandelt wird. Hätten wir schon bei Tomyris an die Fresken des Andrea del Castagno, jetzt im Bargello zu Florenz, erinnern können, so drängen sich hier die Namen zusammen, die eben damals, von Melozzo da Forli in den Stanzen des Vatikans verherrlicht, bis zu Giorgio Vasari und Paolo Giovio hinüber klingen.[1]

---

[1] Vgl. m. Melozzo da Forli pag. 233 ff.

Hier stofsen wir zunächst auf Karl den Kühnen von Burgund und König „Lancilago"; — dann Alphons I. von Neapel, der als Freund und Gönner Federigos mit besonderer Ehrerbietung behandelt wird,[1]) Filippo Visconti, dessen Glück so wechselnd war, und an seiner Hand: „ein Feldherr, in Waffen, von edler Gestalt, und mehr als andre leuchtete er im Glanz, und viele Schatten zeigten ihm Verehrung, dafs ich mich wandt' und fragte, wer ist jener, der scheint's ein göttlich Wesen in sich hat?" — „Francesco Sforza ist's, der so viel andre besiegt, und unbesiegt fast selbst ans Ende kam," — „sieh, jenen andern, der verderben mag durch allzu kühnes Wagen seines Glücks — Braccio de Fortebracci, dessen grofsen Ruhm Ein Tag aus dieser Welt hinweggenommen, Dafs Rom darob in lautem Jubel sang, — Und jenen, der am Ende doch bereute sein schroffes Wesen; wie undankbar war ihm jedermann, der seinen Dienst begehrte, erstmals Filippo dann der Venezianer grofsmächtiger Senat, drum naht er jetzt noch mit wildem Antlitz, wenn auch arg verstört, Francesco Carmignola, und führt herein Gattamelata, den wir heute noch zu Padua in Bronce gegossen schauen." Dann Fazincan, Carlo Malatesta und Pandolfo mit andren seiner Sippe; doch unter ihnen scheints versagt zu kommen dem Sigismondo, der zu nahen zögert, ob jenes Wappens, das da draufsen prangt: er siehts und beugt vor Scham das Haupt zur Erde." — „Buldrin da Panical, el qual procede De si vil pianta, et quel che al collo tene Una campana o de vertude herede, Che morto ancor dui anni de gran pene Col nome suo fin l'ultima vendetta Facta da suoi, però feroce viene." Darauf die von Tolentino und mit seiner Schaar Pietro Giampaulo (Orsini), der Lancilago in solcher Hast verliefs; dann jenes ruhmreiche Haupt der Familie der Sforzeschi, jener Sforza, der in reifsenden Wogen das Leben lassen mufste, weiterhin Alexandro (Sforza von Pesaro) „d'amor cinto et de vertù fin l'eta stanca e lassa," Nicolo Fortebracci, der aus Rom mit wenig Leuten einst Eugen vertrieb, und jener andre Nicolo, der von Stund zu Stunde nun schlägt, nun wird geschlagen, weil das Glück ihm unstät war; — Antonio Caldora und der von Pontedera, Gentil della Lionessa, und Micheletto, Guidaccio da Faenza, Francesco Piccinino, conte Giacomo, Angelo della Pergola, Bartolommeo

---

1) Die Verse bei Passavant (frz. Ausg.), p. 407; sie gehören jedoch nicht so eng zu denen über Barbarossa.

Coglion, Conte Carlo Braccio „der noch im Alter sein Nest verlieren mufst' und seine Ehre", Francesco und Lodovico Gonzaga, mit so viel Edlen ihres hohen Hauses, so viel von Este und jene, deren Stamm zuletzt gar betteln mufst', weil ihm San Marco feind war, die Carara; die della Scala, die alten Herren von Verona —

> — — „or quinci hogi mai impara
> L'inconstantia del mondo. Et senti possa
> De una ombra indi una voce troppo amara,
> „Oimè" dicendo, perchè in scura fossa
> E chiuso un tanto bene: ivi Sismondo
> Dei Malatesti hebbe tal voce mossa."

Plutarch klärt ihn darüber auf: „Wisse, dafs am heutigen Tag die Welt zwei helle Lichter einbüfst. Eins von beiden wird Dich des Weinens mehr als müde machen; das andre, wegen des der Schatten Leid trägt weiland Sismondos, ist sein mutiger Sohn, der jetzt in Trauer seine Truppen stehn läfst; dort kommt er eben vor, noch blutigrot und stolz von Angesicht ob jenes Sieges bei Campomorto, den er schwer errungen; doch er macht würdig ihn des höchsten Ruhmes. — Ich wandt' mich um und dort erkannt' ich ihn, weil ich sein Bildnis in Erinnrung hatte," Roberto Malatesta, der am selben Tage in Rom starb, wie Herzog Federigo in Ferrara.

> „Et io mi volse cum tremante core
> Allo interpetre et disse: O vario effetto
> Sequito al mondo certo in si breve hore!
> Et egli a me: Non è el magior diletto
> Che de morir a tempo, et quando piace
> L'essere al mondo almen senza difetto.
> Custui de fama ha in testa ardente face
> Per due victorie in breve tempo havute, —
> Quantunque ingrato, el che dir me dispiace. —
> Ma perchè el ciel volgendo par che mute
> Le glorie dei mortal, tal vince adesso
> Che darli più favor par che refiute.
> Ne da mille anni in qua stato è concesso
> A uno altro imperator quanto al tuo Duca,
> Invicto esser da morte al fin depresso.
> Però convien, che tanto più reluca
> L'ombra sua chiara infra questi immortali
> Quanto più raro el ciel tal gratia aduca.
> Et se cercando i regni Orientali
> Cum quei del Mezodi a Septentrione
> Et discorendo poi agli Occidentali,

> Raro tu troverai chi se dispone
> Voler tornar al ciel si felice alma
> Quanta el tuo Duca, et cum tanta ragione
> Lafsare in terra la terrestre salma.

Bei dieser Kunde brechen auch die Thränen des Dichters hervor, der mit herzlicher Anhänglichkeit seinem Fürsten ergeben war, und er klagt in bitteren Worten den Verlust, den ihm sein Führer verkündet. Dann aber sieht er (Kap. V.) alle Geister, die im Tempel waren, sich spähend gegen den östlichen Himmel wenden, das Heiligtum selber aufleuchten und Mars noch hehrer erstrahlen als zuvor. Das Murmeln der Schatten schweigt, und auf einen Wink des Gottes wallen die Vornehmsten unter ihnen dem Ankommenden entgegen. Und wie auch Santi sein thränenumflortes Auge gegen Aufgang kehrt, schaut er den wunderbaren Triumphzug höherer Wesen, die seinen Helden zu dem Tempel führen:

Triumph der Tugenden
Fol. 13a—14b.

> Et como in sul aurora el sol fiamegia,
> Cusi viddi io, guardando inver levante,
> Per la pianura, qual sempre verdegia,
> Un mirabil splendore, entro dal quale
> Como una stella quando piu lampegia,
> Faville accese et d'ardentissime ale
> Moto celeste et, benche assai confuso,
> Sentiva un canto et un suon celestiale.
> Non era el veder mio cio vedere uso
> Nel' orechie sentir tanta dolceza
> De canto e suon, dal mondo in tucto excluso;
> Ond io aspettava la divina alteza
> Cum tanto gran disir ch'io non potrei
> Nararlo, et poi cum ordine et belleza
> L'ombre infinite indi voltar vedei
> Tucte, in verso levante reguardando,
> Tacite e liete, et io più atento stei.
> Et in momento venne ivi appressando
> La luce altera e i spiriti gloriosi
> Cum canti e suon per dentro fiamegiando,
> Et avante ne venian quei chiar famosi
> Spiriti triumphali in compagnia,
> Sovente indirietro ai ragi luminosi

Guardando cum letitia, et poi seguia
   Nove vergin succinte iscalze e isnelle
   Coi capel sparsi d'or cum legiadria,
Le qual, sopra natura excelse et belle,
   Coi segni in man venian cantando versi
   Celestial, gettando lor fiamelle.
Et io al mio duca: Io sento esser somersi
   Li spiriti mei di dolceza infinita
   Per quelle Nimphe in habiti diversi,
Dunqua or me di, questa turba gradita
   Cui ella sia, et qual gli viene adrieto
   Ne incio sdegnar mia mente troppo ardita.
Et egli a me: quel circul tanto lieto
   De nove Nimphe en le sacrate Muse,
   Per cui dolceza ancora nel cor mieto,
Le qual fan festa che le gratie infuse
   Dal celo al mondo a quel son ritornate
   Inmaculate como in giu le puse,
Ma de victorie e de triumphi ornate.
   Pofsa quel altro bal, donna cum donna,
   Son le vertù, che al mondo son discaciate;
Et quale ha verde et qual ardente gonna,
   Qual candida, et qual tien la spada in mano
   Qual specchio, e qual dui vasi, e qual colonna,[1]
Qual cum sembiante si devoto et humano
   El vaso conceduto al sacrifitio,
   Senza del quale ogni apetito è vano,
Poi quella donna che nel sacro hospitio
   Nacque et impera è la tranquilla Pace
   Donde ogni bene e requie ha sempre initio,
La qual de Carita in man la face
   Porta et de oliva ha una corona in testa
   Dolce humil, mansueta, alta e verace;
Et della bionda sua lucente testa
   Sopra gli omer ricade un bianco velo,
   Vestita poi de una candida vesta,
Et in tal aspecto dolce par ch'el cielo
   S'engoda; a la sinistra sua remira
   L'acerba vista et quel hirsuto pelo
De quella donna, quale un timor spira,
   Cum una spada in mano ensanguinata,
   Et d'ogni ben human piange et suspira,
Le chiome sanguinose aspra et turbata
   Senza ordin sparge, e gli occhi ha como fuoco,
   La veste sanguinente et ancor stracciata,

---

[1] Justitia, Prudentia, Temperantia, Fortitudo u. s. w.

> Per qual se vede el corpo a poco a poco
>   Tucto di ferro et rugine coperto;
>   Ne è si dolce o tanto ameno luoco,
> Che dove ferma el pè non sia deserto;
>   Ma cum la Pace oltra ne vien concorde
>   Mostrando el pecto pien de piaghe aperto
> Et per isdegno en sul dito se morde,
>   El mondo minaciando, et par che dica:
>   Al mio voler non sien più orecchie sorde, —
> Quella è la Guerra, d'omni ben nemica,
>   Ma perchè el tuo chiar Duca sempre iusta
>   Usolla è cum la Pace or tanta amica.
> Poi quella venerabile e vetusta
>   Donna, ella è la Liberalitate,
>   Che ogni vil dono et grande par che gusta;
> Vestita d'oro et pien de gemme ornate
>   A ogni parte del suo corpo sancto,
>   Le mane aperte si fervente et grate,
> Et cum lei insieme fa un mirabil canto
>   La Cortesia conforme al suo aspecto,
>   Per cui s'alegra et mondo tucto quanto,
> Et son delle fatighe el ver dilecto;
>   Ma di ciaschuna hogi natura e priva,
>   Se l'avaritia ai mortali emple el pecto.
> Dumque de Lauro misto cum Oliva
>   Han la corona in testa; or remira anco
>   Quella che tanto tempo al mondo viva
> E stata pel tuo Duca, et ogni fianco
>   Dimostra, el petto et le sue spalle late,
>   Velate sol dun vel che è più che bianco,
> Quella è la sancta e chiara Lealtate
>   Che ha i piei de diamante, e d'auro el core
>   Et similmente le sue chiome ornate,
> La qual se tien per man col sancto Amore
>   Et cum Constantia, et nel petto ha depinto
>   La Fe, la Carità, el Zelo, el Fervore.
> Cusi dicendo el cor mio havea gia cinto
>   D'infinita laetitia, indi poi viddi
>   Colui che vinse sempre et mai fu vinto
> Tal ch'io col core levai taciti stridi. . . . .

Nach so feierlicher Vorbereitung erscheint dann endlich der Herzog Federigo, geleitet von Pallas in lichtem, hehrem, schmuckvollem Gewande, bekränzt mit Oliven, bewehrt mit Lanze, Helm und einem krystallenen Schilde, auf dem das fürchterliche Haupt Medusens lebend hängt, — eine strahlende Erscheinung, die die

Nacht zum Tage machen könnte, — und auf der andern Seite in ebenso lichtem Kleid Apoll, der blonde, dessen heiliges Haupt mit Lorbeer geziert ist, dessen goldene Ringellocken über den glänzenden Nacken rollen, sein Augenpaar so leuchtend, dafs ichs nicht zu beschreiben weifs; die Leyer in der Hand, um die Schultern Bogen und Pfeile, so schreitet er einher, und über dem Menschenbild, das sie herbeiführen, schwebt in duftiger Wolke ein königliches Wesen, das Zeit und Tod nicht angreift, mit zahllosen Fittigen, die in einem Tage durch die ganze Welt hin tragen, — Fama. Ehrfürchtig treten die hohen Helden auseinander, und lassen den Zug in den Tempel, dem die erlauchten Vorfahren von Montefeltre und della Carda sich anschliefsen. Selbst die alten Philosophen und Rhetoren, Pythagoras, Aristoteles und Plato, Sokrates, Gorgias, Demokritos und Zeno, wie Demosthenes, Cicero und Seneca versagen sich nicht mit einzustimmen. So nahen sie dem Thron des Mars, wo Federigo niederknieend bekennt, dafs er ihm immer ohne Fehl gedient. Und Mars erhebt sich, nimmt ihn gnädig auf, und weist ihm den Ehrenplatz zu seiner Rechten an. Da geht denn doch ein Murmeln durch die Reihen; denn — die Geister haben „von dem Wasser getrunken, das in Vergessenheit bringt", und wissen also nichts von dem Verdienst des Neuen. Dies merkend gebietet Mars ihnen Schweigen und beginnt zu reden.

Er erzählt ihnen (Kap. VII) von einer Götterversammlung, wo Jupiter die Kulturgeschichte Italiens ausmalt bis zur Gründung Roms und zur Aufrichtung des Weltreiches, um dann die Klage entgegen zu stellen, dafs seine Tempel verlassen seien und die alten Römertugenden ganz vergessen. Deshalb sei es Zeit, einmal wieder eine Seele hinabzusenden, die alle Trefflichkeit liebe und Italiens Brust von niedriger Gesinnung befreie. Dazu habe er sich den alten Stamm der Herren von Urbino ausersehen, aus dem Hause Montefeltre soll ein Caesar erweckt werden. „Geh also Mars und nimm den Platz im Himmel, der dir am meisten gefällt, wenn du deine Gnade in sterbliche Hülle ergiefsest, und ihr anderen Spender überirdischer Gaben, nehmt euern Rang im grofsen Weltenkreis." Gehorsam seinem Wink begann ein jeder dann mit seinem Planeten sich zu drehen, wie ihm am besten schien. Unter so glücklicher Constellation der himmlischen Mächte (Kap. VIII) wird nun die Seele geschaffen, die reich begabt mit allen Tugenden auf die Erde herabkommt, während Apoll mit den Musen auf dem Parnafs ein Jubellied

anstimmt, und Minerva von der Wiege an die Erziehung übernimmt.
— Diese Erfindung ist nun freilich nicht Santis Eigentum, sondern ist der Widmung an Federigo entlehnt, die Marsilio Ficino seiner lateinischen Übersetzung von Platos Republik („De Monarchia") vorangestellt hatte, also wiederum eine Frucht seiner Lektüre in der Bibliothek des Herzogs.

Darauf erwachte ich, sagt der Dichter, mit schwerem, schmerzlichem Seufzer, da mir eine so herrliche Vision entwich.

> Aprendo gli occhi intorno per dolore
> Sopra me viddi de letitia spento
> Cului, el qual cum infinito amore
> Me tien legato, et fin l'ultimo passo
> Havrò scolpito dentro dal mio core
> Cum intera amicitia, et poi che casso
> Serò del viver, se de là ancor se ama,
> Non serò dell' amar mai stanco o lasso.

Leider nennt er den Namen dieses Freundes nicht, der ihm die Trauerkunde meldet, dafs ihr Herzog Federigo gestorben sei; aber wir können vermuten, dafs er Niemand anders meint, als Pierantonio Paltroni, der damals freilich noch als Sekretär des Herzogs im Hauptquartier gewesen[1]) und erst mit dem Leichenzug von Ferrara nach Urbino zurückgekehrt sein wird, doch aber der Einzige ist, bei dem er den Beschlufs befestigen konnte, die wunderbare Vision und das Leben des Fürsten in einer Dichtung zu verherrlichen. Giovanni berichtet denn auch am Schlufs des Preambulo, dafs Paltroni ihm nicht nur unter Thränen von den Thaten seines Helden erzählt „col suo principio, el mezo, e'l chiaro fine", sondern dafs dieser Geheimsekretär noch bei Lebzeiten Federigos seine Memoiren niedergeschrieben, die er schon früher häufig gelesen und sich fest ins Gedächtnis eingeprägt habe.

Das ist also die Quelle für die nachfolgende historische Darstellung des Lebens und der Thaten Federigos. Pierantonio Paltronis mündliche Erzählungen und seine schriftlichen Aufzeichnungen, die wir, soweit meine Nachforschung ergeben, nicht mehr besitzen, waren der Hauptsache nach das Material, das Giovanni Santi in seinem Epos bearbeitet. Der Hinweis ist wichtig; denn dem aufmerksamen Leser kann sehr bald nicht entgehen, dafs

---

1) Er kommt auch im Epos selbst, fol. 143 b, im Kriege von 1466 in dieser Stellung vor. Aufser ihm kämen in Urbino nur der Prinzenerzieher Odasio oder der Scriptor Fed. Veterani in Frage.

die poetische Behandlung dieser Quelle eine sehr bescheidene geblieben ist. So unmittelbar nach dem Tode des allverehrten Herren konnte nur die Wahrheit nach bestem Wissen der Urbinaten das erste Ziel seines Sängers sein. Nur zu Anfang, wo die Zeitläufte dem Erinnern ferner liegen, drängen sich die Jahre und die Ereignisse zusammen; mit dem Pontifikat Pauls II. (1464—71) wird Alles lebendiger, um mit der Wahl Sixtus' IV. in die anschaulichste Gegenwart überzutreten. So steigert sich der Wert des Epos als historischer Bericht eines Zeitgenossen, durch den wir eine Menge Einzelheiten erfahren, wohin immer die Hauptperson begleitet wird. Aber der Wert des Gedichtes als poetische Schöpfung Santis sinkt um so mehr, je treuer er alle seine Schritte von dem Gewährsmann bestimmen läfst, der für ihn allerdings so wohl unterrichtet war, wie kein andrer sonst. Und diesem Zuge scheint er um so nachgiebiger gefolgt zu sein, je gröfser seine Verehrung für Paltroni war und je kleiner sein Bewufstsein von der eigenen Gestaltungskraft.

> Et quanto più el gran mar, che è preparato
> Nante alla penna mia solcar dovendo,
> Più tremo, anzi tallor vengo insensato;
> E quanto lo più examino et comprendo,
> Cum qual vil barca el pellago infinito
> Comincio a navicare, e dove io stendo
> La debil mano: o temerario ardito,
> Dico a me stesso, tal provincia grande
> Non è da ingegno in basso stabelito.

Natürlich beginnt er mit einer Geschichte des Hauses Montefeltre, für dessen hohes Alter er auch Benvenuto da Imola, den Kommentator Dantes, citiert. Doch will auch er nicht die Frage entscheiden, ob Federigo ein Sohn Guidos von Urbino oder vielmehr seiner Tochter und des Berardino degli Ubaldini della Carda gewesen. Später freilich vergifst er diese Ablehnung und nennt den Ottaviano Ubaldini, der sicher ein Sohn Berardinos war, überall einen Bruder Federigos. Die frühe Verlobung seines Helden mit der Erbin von Casteldurante, Gentile Brancaleoni, beschliefst das erste Kapitel. Noch in knabenhaftem Alter kommt er nach Venedig, als Geisel für des Vaters Vertrag mit Eugen IV; dann nach Mantua an den Hof der Gonzaga, wo er die Erziehung durch Vittorino da Feltre geniefst, bis er heimkehren darf, um unter dem Vater das ritterliche Waffenwerk zu üben. Die Heirat mit Gentile Brancaleoni wird vollzogen; aber seine Thatenlust führt ihn bald mit Ottaviano Ubaldini zusammen nach Mailand zu Filippo Visconti. (Soweit fehlen die Überschriften, die von nun ab den Inhalt der Kapitel angeben.) Das erste kriegerische Abenteuer mit Niccolo Picinino wird noch sehr ausführlich behandelt; aber bald reduziert sich die poetische Ausmalung der Schlachten, und der sachliche Bericht der Schachzüge und Kriegslisten von damals tritt an die Stelle. Nur einmal führt uns die „Battaglia con diavolj" (fol. 34) völlig in das Gebiet der Romantik. In einer Mondscheinnacht wird ein Überfall auf Forli dadurch vereitelt, dafs der Graf und seine vierhundert Reiter sich von Geistern überfallen glauben, die sie schlagen und in Verwirrung bringen, ohne gesehen zu werden. Sonst bleibt für den Dichter nur beschränkte Gelegenheit, mit seiner eigenen Auffassung und Phantasie hervorzutreten. Hier und da ein Vergleich mit Ereignissen aus der Geschichte des Altertums, die fast mehr nach dem gelehrteren Chronisten Paltroni schmecken. Die „Schlacht in Thessalien" (fol. 38b, 52a) der Kampf um Theben und Karthago (fol. 50a), Cannae (98a) und manche andre Beispiele werden herbeigezogen; doch andere Analogieen, wie die Freundschaft des Orestes und Pylades (fol. 51b), die That des Tydeus (66b), die Trauer des Paulus Aemilius um seinen Sohn (84) und dergleichen lagen gewifs dem Dichter selbst nahe.

Er liebt die antike Götterwelt sogar in die Naturschilderung einzuführen. Proserpinas Rückkehr in die Unterwelt oder ihre Befreiung aus dem Orkus finden sich fast immer als Angabe der Jahreszeit, während er doch selbst wohl im Stande ist, den Frühling oder den Herbst, ja den strengen Winter mit Eis und Schnee in kurzen hübschen Zügen zu bezeichnen: — del inferno Proserpina tornò per adornarsi De vaghi fiori e de novelle fronde, Cum l'auree chiome al vento dolce sparsi (86b, ähnlich 107a) — — Vedeasi el mondo gia bianco coprirse, Irsuto el verno, rigido gli apare, Orion fier comincia a far sentirse (53a). — El mondo gia copria col fredo smalto (86b.) — Essendo ogni elemento gia inquieto, Proserpina tornata cum Plutone, Cerere ignuda et omni suo secreto, Zephiro altrove, el superbo Orione Di sdegno armato cum aspecto crudo Turba Neptuno e'l regno de Giunone, El hyemal verno scolorito et gnudo Cum le sue chiome arsiccie in vista afflicto Per tucto se mostrava acerbo et rudo." (39a) — Die Morgenstunde nach Sonnenaufgang umschreibt er (172a). „Gia fuor del Oceano insino al petto Essendo Apollo."

Dagegen finden sich Bilder aus Natur und Leben auch da verhältnismäfsig selten, wo wir ein Aufleuchten der eigenen Phantasie erwarten. Einmal vergleicht er ein unsinniges Wagnifs in schwieriger Lage des Feldherrn mit einer Meerfahrt in steuerlosem Fahrzeug:

> Ne tal passar era altro che a ruina
> Mettersi como un hom che se dispera
> In mar senza timon cum sua carina, (fol. 92 b.)

ein anderes Mal das Ausschwärmen der Reiter zur Plünderung eines Landes mit dem Hervorbrechen der wilden Bienen, wenn man sie aufgestört:

> Non altrimenti fuori escon gagliardi
> Gli api degli antri lor, quando en percossi,
> Portando in bocha (!) i lor pungenti dardi. (f. 109 b.)

Doch, ist auch sein Reichtum an Metaphern nicht grofs, so zeichnet sich seine Beschreibung stets durch Anschaulichkeit und Sinn für Ortsverhältnisse aus, die der gewohnten Vorstellungsweise des Malers entsprechen.

So kommt er beim Einzug Federigos in Florenz als Sieger von Volterra (1472), auf die Geschenke zu sprechen, die ihm die Stadt verehrte, und erwähnt auch den kunstreich gezierten Helm, von dem wir wissen, dafs er ein Werk des Antonio Pollajuolo war:

> Et infra gli altri richi et eminenti
> Uno elmo ornato, sopra del quale era
> Hercule invicto, che stringendo i denti
> Sotto i suoi piedi qual ribella fera
> Tenea un grifon pel collo incatenato,
> Qual di Volterra anticha arme lor era,
> E delle mastre penne spennachiato
> A piei del vincitor timido stava
> Del corpo anco in più parte vulnerato. (fol: 191 a.)

Sobald es sich vollends darum handelt, die Menschen lebendig vorzuführen, da bewährt sich die Lust am Individuellen, der Blick für Eigentümliches, welche den Künstlern des Quattrocento samt und sonders gegeben sind. Auch diesem bescheidenen Poeten gelingt es oft mit einem Wort, einem kurzen Wink nebenher die Persönlichkeit treffend zu charakterisieren. So erhebt er sich zuweilen, wo zwei Feldherren oder zwei Vertreter verschiedener Parteien einander gegenüber treten, zu echt dramatischen Contrasten. Er zeigt uns Lorenzo Zanè[1]) als Governatore von Cesena vor der Schlacht bei Cerisuolo voll Übermut und hochfahrender Hoffnung, wie er die päpstlichen Truppen unter Napoleone Orsini anredet „alquanto cum l'infiato core De boria e van pensier stette

---

1) Er nennt diesen Namen nicht, doch vgl. m. Melozzo da Forli, S. 29.

suspeso, Poi cominciò aceso de furore." Und Federigo sagt von
ihm: „Dal' altra parte l'ira e la grandeza Del grave sdegnio del
nemico acerbo, El fier Governator che ognun dispreza, Qual cum
l'emfiato suo pecto superbo Volea in guisa de triumpho a Roma
Menar legate e sotto el crudo nerbo Porre in galéa cum miserabil
soma Quanti prendea de' militi del Conte, El premio adimandava,
che sua chioma Ornata fusse e sua superba fronte De chiar capello,
el qual gli era concesso S'egli adempía le cose per lui aconte."
Nach der Niederlage aber sehen wir den ehrgeizigen Mann tief
gebeugt; „Dove è l'ardir della superba fronte? Non vegio più in
lui la pompa altera Nelle parole dispetose d'onte; Ma si fugendo
qual silvestra fera, Isconosciuto lacrimando andava Dicendo: „matto
è chi troppo spera." E per piu doglia sua se ricordava Al padre
sancto le promesse, ch'ello Facto havea inprima, e quanto el
menaciava El conte, e quindi poi per suo flagello Seco dicea:
oimè infelice caso, O disiato mio sacro capello, Or più sperare
omai non m'è rimaso!" — Natürlich mischt sich in Santis Zeichnung
leiser Hohn gegen den Vertreter Paul's II; denn diesen Papst klagt
er des offenen Undanks gegen Federigo an. „O ingratitudin vitio
disonesto, che sempre tira l'huom al pensar pegio." — Ähnlich
steht es mit seiner Darstellung Sigismondo Malatestas, der ihm einst
das väterliche Nest in Colbordolo zerstört hatte; aber die Züge, die
er ihm leiht, sind wirksam und nicht zu krafs übertrieben. Die
Begegnung des Malatesta mit Federigo durch Vermittelung Borsos
von Ferrara gehört zu den Prachtstücken des Epos. (Kap. 17—18).
Bei den Kriegsgeschichten ist es auch dem treu ergebenen Santi
oft schwer geworden, sein poetisches Pensum allabendlich zu
absolvieren. Ein sehr erwünschter Anlafs zu höherm Schwung dagegen und deshalb ein beachtenswerter Bestandteil sind die Reden, die
der allverehrte Feldherr in entscheidenden Momenten an seine
Unterbefehlshaber und seine Soldaten hält. Sie muten uns eigen-
tümlich, ja seltsam bis zur Unglaubwürdigkeit an, und doch beruhen
sie gewifs, wenn auch nicht der Form, doch dem Inhalt nach auf
den Memoiren des Geheimsekretärs Paltroni, der immer mit im
Zelte Federigos war, und haben ebenso viel Anspruch auf Vertrauen wie die Einzelheiten der Belagerungen, Winkelzüge und
Kämpfe selbst. Sie strotzen von Reminiscenzen aus den Kriegsgeschichten des Altertums, die der gebildete Fürst so eifrig studiert
hat. Er erzählt ihnen von Cäsar und der zehnten Legion, von
Hannibal bei Capua, von Marcellus vor Saragossa, von Vercingetorix

bei Aleria, von Xenophon, der den Tod seines Sohnes vernimmt, ohne sich im Opfer stören zu lassen u. s. w. Mit solchen Beispielen aber sucht er nicht nur seine Standesgenossen, wie Alessandro Sforza und dessen Sohn Costanzo, Roberto Malatesta, Alphons von Calabrien und wie sie alle heifsen, zur Eintracht und Ausdauer zu mahnen, sondern auch den Mut seiner Söldnerschaaren zu entfachen und die bewährte Bravour seiner Landeskinder, die aufopfernde Treue der „Feltreschi" für die gewagtesten Unternehmungen zu gewinnen. Verrät auch der Dichter keine besondere Kunst berechneter Steigerung, so werden doch die Reden seines Helden vor der Schlacht von Castelluccio (fol. 115 ff.), vor dem Treffen bei Mulinella (f. 146) und das grofse rhetorische Elaborat, das dem Herzog bei der Belagerung von Sansavino in den Mund gelegt wird, auch auf denjenigen Eindruck machen, der dem kulturhistorischen Interesse, das sie darbieten, fern steht.[1])

In eine verwandte Kategorie gehört der „Discorso de la dubia vita de Signori e gram ciptadini", zu welchem ihn der Tod des Galeazzo Sforza veranlafst (Kap. 66). Auch hier mufs man einen Anteil wenigstens des Paltroni vermuten. Dagegen zeigt uns die Elegie auf den mitten in seinem Herrscherglanz ermordeten Galeazzo die tiefe Empfindung des Dichters selbst. In sein volles Recht tritt er bei jenen Partieen des Epos, welche uns das Leben des Fürsten daheim in Urbino schildern, besonders den Bau und die künstlerische Ausschmückung des Schlosses, die Einrichtung der Bibliothek, des Studio. Neben diesen Stücken ist immer als sein eigenstes Eigentum die „Disputa de la pictura" herausgehoben, zu der ihm des Herzogs Besuch in Mantua Veranlassung bietet (Kap. 95), während gewifs die persönliche Anwesenheit daselbst den Malerpoeten zu jener Anerkennung Mantegnas begeisterte, auf die wir an richtiger Stelle zurückkommen.

Unmittelbar nahe treten wir dem Herzen des Dichters nur in den wenigen Fällen, wo er die menschlich edlen Züge seines Helden herauskehren kann, oder sonst eine Persönlichkeit feiert, die seine Teilnahme gewonnen hat, oder in Augenblicken, wo zwischen all den glänzenden Unternehmungen und ruhmreichen Erfolgen auch einmal das Weh und die Klage hervorbricht. Bei solcher Gelegenheit, wo statt blendender Geistesgaben die Tiefe des Gemüts sich öffnen soll,

---

1) Wir werden vielleicht später gelegentlich Proben daraus mitteilen.

da spürt man, wo die Stärke seines Wesens liegt. Er ist kein leidenschaftliches, feuriges Temperament, das sich an Wahngebilden der Phantasie erhitzt; aber die Kraft des Gefühles, das den Gegenstand mit Wärme und Innigkeit erfasst, die liebevolle Gesinnung, die ihn mit tausend Fasern umspinnt und festhält, die sind ihm eigen, merkt man, und erfüllen seine Seele mit einem Grade der Intensität, die jenes schnell verlodernde Feuer der Leidenschaft wohl zu ersetzen, ja an Weite und Nachhaltigkeit zu überbieten vermag. Solcher Art sind die Stellen, wo er die Freude der Bürger von Urbino über die Siegespost von Rimini (fol. 180), oder über die Geburt des langersehnten Prinzen (182) ausdrückt. Solcher Art ist seine Klage über den Tod der Gemahlin Federigos, Battista Sforza (191) und über das Ende des Herzogs selbst, die das Ganze gleichsam einrahmt. Solcher Art sind aber auch dramatische Scenen, wie die Begnadigung des Giovanni Malatesta in Montefiore (130), und die Begegnung Federigos mit Antonello Ordelaffi, dem rechtmäfsigen Erben von Forli, der ihn fufsfällig anfleht, ihn nicht aus dem heimatlichen Herrensitz zu vertreiben, so wahr er für sein eigen Kind nicht solches Schicksal wünsche, und doch abgewiesen werden mufs, weil der Papst es befohlen hat (293). Davon zeugt auch die herzliche Anerkennung für Ottaviano degli Ubaldini, des Herzogs Bruder, der in Abwesenheit Federigos so uneigennützig waltet, die Töchter des Fürsten wie ein Vater überwacht, und den kleinen Guidobaldo als Vormund behütet (292). Er läfst den Herzog sterbend noch das schöne Zeugnis geben:

>. . . io moro qui cum poco duolo,
>Possa che Octavian riman nel stato
>Et al governo como patre solo;
>Perchè dei don, che dio in terra me ha dato,
>Un sì fedel fratello cum sapienza
>M'è parso el più sublime e a me più grato.
>Ne ho de lui gia manco difidenza
>Che de me proprio, e so che tanto ello ama
>Quanto ch'io stesso tucta mia semenza." (fol. 342b.)

Innige, wahre Verehrung für Federigo, in dem er sicher mehr das Ideal eines humanen und gebildeten Fürsten, eines ritterlichen und weisen Mannes schätzte, als den vielbegehrten Kriegsführer, volle herzliche Gesinnung war ja die Seele des ganzen dichterischen Unterfangens. Ein Abglanz von der ethischen Hoheit seines Helden geht durch alle Abschnitte des Epos hin und der Mafsstab, den

Federigo lebendig in allen Lebenslagen darstellte, bestimmt auch die moralische Beurteilung, die der Dichter ausspricht.[1]) Es ist eine ruhige harmonische Art in ihm; er wird auch hier nicht heftig im Zorn gegen die Widersacher seines Fürsten und die Neider seines Ruhmes. Er redet auch gern der Besonnenheit und Vorsicht das Wort. „O ben felice è quello, che allo exempio d'altrui sicuro impara!" ruft er einmal aus, und charakterisiert damit die eigene wohltemperirte Stimmung. Freilich merkt man auch wohl zuweilen, dafs ein unbefriedigtes Wünschen seine Brust erfüllt, und eine Neigung zu melancholischer Auffassung des Lebens überwiegen mochte. Das Glück, das Schicksal, als unberechenbare Macht erscheint auch in den Vorstellungen dieses Renaissancemenschen immer im Hintergrunde alles Erfreulichen und Schönen. Aber der Neid der Götter wird bei ihm in eigentümlicher Weise modifiziert, indem die unheimlich wetterwendische, stets auf Täuschung sinnende Fortuna mit ihrem Treiben doch eine sittliche Erziehungsabsicht verbindet. Als Federigos Gemahlin sterben soll, wird dies so vorbereitet:

> . . . „l'aspra e invidiosa
> Fortuna aversa, la qual non dovea
> Comportar più sua vita sì gioiosa, (Federigos)
> Et, perchè inella gloria non potea,
> Del metter mano sempre istava attenta,
> Se al dargli gran dolor modo ve havea.
> Però infra se pensando se argumenta:
> S'el suo saper le mie saette avanza,
> Io entrarò per altra via più attenta
> E nella sua altissima fidanza
> Tenderò l'arco e vedero più aperto,
> Se qual se dice è in lui tanta constanza,
> Perchè de laude in l'huom non è men merto
> Nel vincer se, che vincer sempre altrui;
> Anzi dal Ciel tal dono a pochi è offerto! (fol. 192 a.)

Man könnte darin den Versuch erkennen, die heidnischen Vorstellungen mit einer moralischen Weltanschauung zu vermitteln; aber im Grunde geht auch dieser Ansatz wohl nicht über die Gedanken Plutarchs hinaus. Dagegen findet sich in dem ganzen Epos

---

[1] Im Kriege ist allerdings auch seiner Meinung nach Manches erlaubt, wogegen sich unser Gefühl sträubt. So erzählt er, dafs die Stadt Aquila nicht erobert werden konnte, als bis es dem Herzog gelungen war, den einzigen Brunnen vergiften zu lassen. So fällt sie, und er schliesst: Bel fu lo assedio e digno de memoria.

ein Reichtum von Sentenzen ausgestreut, der wohl geeignet wäre, uns einen Einblick in die Lebensweisheit und ethischen Überzeugungen des Dichters zu verschaffen; nur darf dabei nicht ausser Acht gelassen werden, dafs eine ganze Reihe dieser epigrammatisch zugespitzten Lehren nicht unmittelbar Gedanken des Dichters ausspricht. Sie finden sich zum grofsen Teil in den Reden des Feldherrn, sind also dessen Eigentum, und verkündigen nur den Geist der Vita militare. Andre Sätze sind offenbar in erziehlicher Absicht in usum Delphini vorgebracht, d. h. dem Verfasser trat der junge Herzog Guidobaldo in erster Linie als Leser dieses Epos vor Augen, und so versetzt er sich in die Stelle eines Mentors, der ihn auch ritterliche Gesinnung und besonnene Klugheit zu lehren hat. Auch nach Abzug dieser Bestandteile bleibt indessen für die Auffassung Santis ein Rest übrig, der uns immer, als bezeichnend für den Vater Raphaels, wertvoll genug erscheint.

So ist es nicht mehr als billig jener eigentümlichen Einführung heimtückischer Schicksalsmächte einen Ausspruch gegenüber zu stellen, der versöhnen mufs: „Drum wag ich zu behaupten: Menschenweisheit Hilft garnichts gegen den Beschlufs des Himmels, Wenn nicht der Mensch in dieser Welt Gefahren Als Schutz und Schirm sich Gottes Güte findet." (fol. 217 a.) Demütig denkt er auch von der menschlichen Erkenntnis und mahnt bevorzugte Geister zur Bescheidenheit: „Ich sah wohl ein, dafs menschlicher Verstand, Jemehr er sich bemüh'n mag zu durchschauen Der Gottheit Werk, nur weniger, — nichts versteht, Wenn jene nicht durch sonderliche Gnade Zu ihm herabsteigt. Und wenn Einer mehr sieht, Ist's Gottes Wolthat, nicht des Menschen Kunst. Drum rat ich, wer die Andern übertrifft An solcher Gnade, überheb' sich nicht Auf Erden; denn der Segen kommt von Oben! Nein, danken sollten Gott die hohen Geister Ob jedes Ruhmes Zier; denn er allein Läfst sie so hell in ihrem Glanz erstrahlen." So weist er denn auch überall auf die Unbeständigkeit der irdischen Verhältnisse hin; und setzt den unwilligen Klagen des strebenden Menschen, den die Enttäuschung wohl gar zu dumpfem Fatalismus drängt, die Lehren der Weisheit entgegen. Wohl klingt es häufig unter dem wechselnden Geschick der Schlachten: „Fortuna nimmt Partei so, wie sie will, Und Thorheit ist's, sich ihr zu widersetzen;" (140 a) aber der ernste Mann, der das Leben kennt, mahnt auch zur Vorsicht selbst solange das Glück noch lächelt: „ . . . Lerne das

Glück Benutzen, wie's dem klugen Manne ziemt! Denn freundlich blickts, bald finster nach Gefallen, Ihm ist erlaubt zu wechseln; drum ist klug, Wer es mit Scheu |benutzt. Schnell wirfts zusammen, Noch eh' mans denkt, des Widerwärtigen viel. Wohl dünkt sich der da hoch auf seinem Rad Und liegt im nächsten Augenblicke drunten." (124 b — „Zuweilen glaubt man wohl in seiner Hand die Zügel ganz zu halten; aber wehe! Wie mancher, der zu kühnen Lauf gewagt, Fiel schon vom hohen Sitz ins Elend nieder." (fol. 94 a.) — „Mag auch der Anfang noch so fröhlich sein Tollkühnen Wagens, immer wirds am Ende Trostlos und jammervoll zurücke kehren." (33 a.)

Deshalb empfiehlt er nicht nur überall zurückhaltende Besonnenheit, sondern stimmt auch in seiner Weise ein in das Horazische „Beatus ille qui procul negotiis." . . „Hai, quanto è meglio el starse senza alcuno | Honore o grado in simile ciptade | Privaamente, che esser importuno | Di offitij e dignità; perchè el se cade | D'alta quiete et viver dolce e lieto, | O a morte vile o in gran calamitade. | Pero, che sempre el populo è assueto | Como uno è grande in lui, nol sopportare | E sia s'el sa iustissimo e discreto." — Indessen, wenn er es auch vorzieht, dem öffentlichen Leben fern zu bleiben, und politische Thätigkeit kaum begehrt haben würde, auch wenn Urbino mehr Gelegenheit dazu geboten hätte, so hat er sich doch ein warmes Herz für die Geschicke des gröfsern Vaterlandes bewahrt, und immer ist mit Anerkennung hervorgehoben, wie lebhaft er die Zerrifsenheit Italiens beklagt und die Uneinigkeit der Fürsten und Städte geisselt. Was seine politische Überzeugung angeht, so ist ihm allerdings die Anhänglichkeit an seinen Landesfürsten zu sehr Herzenssache, als dafs man ihn weiter fragen dürfte, ob er nicht sah, dafs grade die Unabhängigkeit all dieser kleinen Herren, die doch einen Anhalt an einem mächtigeren Nachbar brauchten und deshalb fortwährend zwischen Neapel und Venedig oder gar Mailand und Florenz hin und herschwankten, um nur gegen den kirchlichen Oberherrn ihrer Lehen selbständiger zu bleiben, — dafs gerade diese Fürsten vielfach die Einigung des gröfsern Ganzen störten. Natürlich nimmt er, wo derartige Konflikte hervortreten, Partei für seinen angestammten Herrscher. Er äufsert sich ziemlich offenherzig über den Papst und das Collegium der Cardinäle: es sei ja bekannt, welch gierigen Sinn die hätten: „Che dove è l'util sofferir gli è caro Le legge, e la iustitia contradire, Se a lor non empie l'apetito avaro." — Die Nepotenwirtschaft unter Sixtus IV. giebt ihm Veranlassung zu einem ebenso ruhig ernsten wie psychologisch richtigen Urteil über die jugendliche Eitelkeit des Pietro Riario, während die unersättliche Ländergier des Conte Girolamo wieder ebenso wahr vom allgemein menschlichen Standpunkte betrachtet wird: „gli apetiti mai non stanno Contenti dei mortali." (fol. 301a u. 335b) Man mufs überhaupt anerkennen, dafs er sich überall aus den Einzelverhältnissen zu gröfserer Auffassung zu erheben weifs. Und es mutet uns gesund und treuherzig an, wenn er bei der Jugendgeschichte seines Helden auch die Schwächen nicht vertuscht und aus den Abenteuern der Liebesleidenschaft, auf die er nicht eingeht, doch die Lehre zieht: „ . . . meglio è tal furore Sfogar in tal età, che al viver lento Della vechiezza amar poi cum dolore."

Sonst ist er überall ein begeisterter Anhänger der Tugend und Verehrer der Tüchtigkeit in jeglicher Gestalt: „Che per vertù convien gloria s'aquista, Pronto agli affanni da matina a sera." (39 a) Glückselig nennt er den, dem Tugend nur gefallen; denn solche Lebensart macht ihm die Menschen wohlgesonnen und Erde und Himmel seinem Trachten günstig. (46 a)

Um so energischer wendet er sich gegen die schlimme Verkehrung der sittlichen Anlagen im Menschenherzen und zeichnet wie einen psychologischen Prozefs, den er selbst beobachtet, das Verhängnis, das die mifsleiteten Seelenkräfte in sich selber tragen und bis zum unheilvollen Ausgang erfüllen. „Der bösen Seele, die es fertig bringt, Die Treu zu brechen, ist es nicht verstattet, Straflos zu bleiben, wie wohl Jeder sieht: Durch schwankend Hoffen in sich selbst verwirrt, Wird stets zum Schlechteren sie vorwärts drängen, Da Freundschaft fehlt und jede heilige Scheu. Nicht wüfst' ich Schlimmeres in dieser Welt Als Unbeständigkeit; denn unter ihr Sinkt unser Geist vom hohen Sitz herab, Und Wankelmut beredet uns zum Irrtum, Dafs dort wir enden, wo die Schuld uns trifft, Und aller Wegen offenkundig sei, Wie widersinnig uns ein Zwang verleitet." (35 a) Die Undankbarkeit, die er mehrfach schilt, wird besonders in folgenden Versen gebrandmarkt:

> Ma sempre l'alma ingrata ordina e fila
> Contrario merto agli alti beneficij,
> E quanti magiori son più abassa e invila.
> E parmi che sia colmo a tucti i vitij
> L'ingratitudin, qual de pietà el fonte
> Secca, destrugie e li pietosi offitij.

Dagegen feiert er das Ideal der Freundschaft, „quella gloria anticha | D'incorotta amistà, splendore eterno, | Che al secul nostro tanto ogi è inimica", und die standhafte Treue: „O vertu excelsa, che si rara vede | El mondo in se et maxime in coloro | Ai qual fortuna el gran poter concede." (51a).

Ja, er ist durchdrungen von der sittlichen Überzeugung, dafs die Tugend sich auch bei Gegnern Anerkennung verschaffen und siegreich durchdringen wird, allem Neid und Hafs zum Trotze. Diesem schönen Glauben leiht er wiederholt Ausdruck:

> Questo è el verace e glorioso merto
> Che la vertù se tira: dal nemico
> D'esser amato e laude essergli offerto. (211 a)

oder noch zuversichtlicher:

> Pero chè la vertù cum sue fiamelle
> Trova ancor fra i nemici honesto luoco
> E cum sua forza l'odio rompe e svelle.

Damit ist aber auch der wertvolle Inhalt dieses Epos in ethischer wie in poetischer Beziehung so ziemlich erschöpft und wir müssen wohl nach solcher Blütenlese des Besten ausdrücklich Verwahrung einlegen, wenn man aus diesen Beispielen noch auf einen Reichtum ähnlicher Art weiter schliefsen möchte, der noch dahinter liege. So sehr es uns darauf ankommen durfte, dem Geist des Dichters vollauf gerecht zu werden, so wohl glauben wir uns jetzt berechtigt, einem allzu günstigen Vorurteil für das Ganze entgegenzutreten. Um die allgemeiner geniefsbaren Früchte einzuheimsen, die wir aufgetischt, bedurfte es geduldiger Ausdauer genug, uns durch die langen Beschreibungen aus dem Kriegsleben des Herzogs Federigo hindurchzuwinden, und wer durch diesen Vorschmack etwa seine Erwartung „auf das Erschliefsen der vollen Quelle bis zum Höchsten spannen" läfst, wird — fürcht' ich — eine Enttäuschung erfahren. Jedenfalls wird wohl Niemand, der das Ganze wirklich kennt, in diesen Reimen Santis gerade „die höchste plastische Gestaltungskraft" bewundern. Er hat sich redlich bemüht, den grofsen und historisch immer bedeutsamen Stoff in würdiger Haltung vorzutragen; aber ihn wahrhaft poetisch zu durchdringen und gestaltend zu bewältigen, dafür reichten seine Kräfte doch nicht aus. Einzelne Scenen sind recht wohl gelungen, gewisse Abschnitte seiner Dichtung werden den Freund des Quattrocento immer erfreuen. Wir haben durch einen Hinweis auf das Beste ungefähr angedeutet, was eine solche Auswahl etwa umfassen würde. Aber im Grofsen und Ganzen folgt er in seinem gereimten Bericht von Schlachten und Belagerungen, schlau berechneten Überfällen und allerlei Winkelzügen, aus denen sich die Kriegführung jener Zeit zusammensetzt, offenbar nur seiner wohl unterrichteten, aber einseitig detaillirten Quelle, den Memoiren des Pierantonio Paltroni. In den meisten Kapiteln so treu, dafs aufser der poetischen Form der terza rima, und soviel um ihretwillen zusammengedrängt oder ausgeweitet werden mufste, eben nicht viel Eigenes auf seine Rechnung kommt.

Andrerseits haben wir billiger Weise in Anschlag zu bringen, dafs Santi um sein Gedicht schreiben zu können, Vieles gelesen haben mufste, und sicher noch während des Schreibens las. Möglich, dafs Dantes göttliche Komödie beinahe völlig hinreichte, die Gewandtheit des sprachlichen Ausdrucks zu erwerben; dauernde, hingebende Beschäftigung mit diesem einzigen Schatz poetischer Diction mochte dem Terzinendichter ungefähr ebensoviel bedeuten, wie uns Deutschen Luthers Bibel. Aber schon des Stoffes wegen mufste Anderes hinzukommen, und Manches vermögen wir zu nennen. Guarinos lateinischer Plutarch (Cod. vat. Urb. lat. 226) forderte emsigen Fleifs und gewifs die Beihülfe eines Freundes, wie Federigo Veterani, in der Bibliothek des Herzogs. Auch die Vorrede des Marsilio Ficino zu Platos Republik, auf deren Kenntnis wir ihn ertappten, war lateinisch geschrieben. In der Widmung seines Epos an Guidobaldo nennt er selbst die Schriften des Gianantonio Campano, Francesco Filelfo, Porcellio u. a., welche vor ihm die Thaten seines Helden verherrlicht hatten, und fügt als neueste Erscheinungen die des Cristoforo Landino von Florenz und des Sigismondo de' Conti da Fuligno hinzu.[1]) Man denke sich sodann die Masse seiner nahezu 23,000 Verse auf den Zeitraum von zehn Jahren verteilt, und dieses Jahrzehnt als die eigentlich produktive, für uns allein historische Lebenszeit des Malers, wo er nicht blos nach einander zwei junge Frauen heimgeführt, sondern auch alle Gemälde, Tafelbilder und Fresken geschaffen hat, die wir von ihm besitzen.

---

[1]) Von Sigismondo de' Conti besitzen wir „Historiarum sui temporis libri" (gedruckt Rom 1883), in deren Vorrede der Herausgeber gewifs irrtümlich voraussetzt, dafs der Verfasser noch eine besondere Vita Federigos geschrieben habe. Von Cristoforo Landino wären besonders die „Disputationes Camaldulenses" (Dedicationsexemplar an Federigo, Urb. 508) zu nennen; doch befand sich auch sein Gedicht „Xandra" (Urb. 368) und seine Schrift „De Anima" (an Ercole d'Este, Urb. 1370) und anderes (Urb. 248., 249., 512) in der herzogl. Bibliothek. Von Porcellio käme die „Feltria" (Urb. 373) in Frage, von Filelfo aufser zahlreichen Gedichten (Urb. 709) die „Martiade" (Urb. 702), von Campano die Leichenrede auf Battista Sforza (Urb. 324) und das Leben des Braccio (Urb. 466.)

Stellen wir uns diese ansehnliche Reihe seines Malerwerkes, nur soweit es heute noch erhalten und nachweisbar ist, in chronologischer Folge vor, so begreifen wir in der That, wenn er gelegentlich einmal über die Last seiner selbst erwählten Aufgabe seufzt. Sie sei ihm lange Zeit hindurch schwer genug geworden, versichert er seinem Fürsten. Aber wenn er auch den Wunsch, Federigo Unsterblichkeit und sich selbst Poetenruhm zu sichern, in Erkenntnis seiner eigenen Schwäche zu unterdrücken versucht, immer habe dieser hochstrebende Wunsch wieder die Oberhand gewonnen. Er vergleicht ihn sogar ziemlich drastisch mit der Lernäischen Hydra: kaum habe er ihm den Kopf abgeschnitten, so seien mehrere wiedergewachsen, und so müsse er, nicht im Besitz der Keule des Herkules, sich schon besiegt geben. Die Jahre 1482 bis 1494 sind eine Zeit angestrengter Produktion in Santis Leben auf dem zwiefachen Gebiete der Malerei und Poesie. Auf Kränklichkeit zu schliefsen, ist danach kein Anlafs, wohl aber mochte die übermäfsige Thätigkeit schliefslich seine Körperkraft untergraben. Der unausgesetzte, emsige Fleifs gehört zum Familiencharakter. Vater und Sohn sind dem Grundsatz treu geblieben, den Giovanni wiederholt ausspricht: „Tristo colui che indarno el tempo spende, Che sol pel bene oprar qui n'è concesso". Aber wenn irgendwo, so gilt für sein Schaffen als Maler, was er selbst mit den Worten seines Widmungsbriefes sagen will „che ogni minima cosa vole tucto l'homo!"

So bescheiden der Bereich seiner Wirksamkeit in der Heimat sein mochte, auch als Künstler bietet er den Anblick eines ganzen Mannes dar, und darf von der historischen Forschung, die ihn beurteilen will, gewissenhafte Aufmerksamkeit fordern, gerade weil der Darstellungskreis, der ihm zur Übung seiner Kräfte gegeben war, so beschränkt erscheint und ein ungünstiges Vorurteil über den Meister nahe legt, da seine Stoffe uns nicht sonderlich durch Neuigkeit anziehen. — Vasari, der ihn mittelmäfsig nennt, hat keins seiner Werke aus eigener Anschauung gekannt. Heute ist es jedoch nicht schwer, sich an den Stätten seines Schaffens die Kenntnis der Hauptleistungen zu erwerben, ohne die man überhaupt nicht das Recht hat, irgend welche Meinung für oder wider ihn verlauten zu lassen. Es soll die Aufgabe unserer folgenden Betrachtung sein, ihm auch als Maler gerecht zu werden, so weit er es mit gutem Recht beanspruchen darf.

II. Der Maler.

„Mehr Dinge giebts, die auf der Welt unsterblich
Den Namen machen: Wissenschaft vor Allem,
Auf so viel sichere Stützen wohl gegründet;
Doch auf den Gipfel heben, scheint es, zwei:
Die Dichtkunst und die Geschichte, wo man singt
Von allem, was uns Ansehen mag erwerben.
Dann Bildnerei und Malerei zumeist,
Die uns der Menschen Gegenwart bewahren
Und treues Abbild jedes edlen Wesens.
Wer diese Künste beid' zu schätzen denkt,
Wie viel Genie und Studium darin walten,
Der muſs die Flügel bis zum Äther spannen."[1])

„Wer wollte widersprechen — meint unser Poet, — daſs antigraphische Kunst, die Zeichnerei, nicht alles Handwerk erst erblühen macht!" Dies zu erweisen, nennt er uns gar den Ackerbauer, der seine Felder teilt und seine regelmäſsigen Furchen zieht, den Feldherrn, der seine Heerlager absteckt und wohlweislich gegen jede Fährlichkeit zu schützen sucht, erinnert uns, wie viel seine Kunst am religiösen Kultus selbst und an dem Gotteshaus, wo er stattfindet, Anteil habe. Darum sei es ein groſser Irrtum, wenn die Modernen so allgemeiner tiefer Wissenschaft nicht Lob und Ehre nach Gebühr gewähren. Sie möchten doch die Alten darüber nachlesen, zu welchem Rang sie solch ein Talent erhoben. Da sei doch Plinius zunächst mit vollem Eifer Zeuge, Vitruv

---

1) Cod. Vat. Ottobon. 1305 fol. 312—314.

sodann und die hochgesinnten Bestimmungen des Eupompos, der wollte, dafs in aller Welt die Kunst ohne wissenschaftliche Grundlage auch alles Verdienstes bar sei. Unser Jahrhundert dagegen drücke sie herab, wolle gar die gottverliehene Gabe unter die mechanischen Fertigkeiten rechnen! „Ingrati, iniqui, sconoscenti e rei!" fährt er gegen die Vertreter dieser Meinung heraus. „Wer wagt es, so hehrem Weistum, wie die Perspektive, das höchste Lob vorzuenthalten? Scharfsinniger als Geometrie und weiter reichend, wandelt sie in eigener Form und mancherlei Verwandlung, ein jeglich Ding verjüngend und verkürzend. Auf Erden sonst zu keiner Zeit gesehen, steht sie heute vollendet da, und vermag Alles, wie das Sehvermögen es erschaut, genau in Zeichnung zu übertragen. Wer möchte sagen, welch hohem Geiste, welch edler Kraft sie entstammt? Ob auch der Mensch ihr Ende schon nicht findet, gehört sie doch als eigenes Glied zur Malerei und ist eine neue Erfindung unseres Jahrhunderts. Wer nur nach Wahrheit sucht und zu unterscheiden weifs, wird in der Malkunst um so gröfsere Schwierigkeit und höhere Meisterschaft erkennen. Wer wäre im Stande, die klare durchsichtige Farbe eines Rubines nachzubilden und seinen leuchtenden Schimmer; wer könnte die Sonne in der Morgenfrühe malen oder einen Wasserspiegel mit Busch und Blumen dicht an seinem Rande? Wer käme so wunderbar begabt auf die Welt, dafs er die weifse Lilie oder die frische Rose mit jener Reinheit nachschüfe, die der Natur gefällt? Vor dieser Meisterin mufs freilich aller Wetteifer zurückstehen; aber versuchen will die Malerei in Allem, was sie macht, das Auge zu täuschen, und was da flach ist, dem Sinn erhaben zu zeigen, und was die Natur in Nähe oder Ferne mannichfach gestaltet, dem Menschenblick auch also darzubieten."

„In dieser glänzenden, erlauchten Kunst hat es in unserem Jahrhundert so viel bedeutende Leute gegeben, dafs jedes andere dagegen armselig scheinen mag. In Brügge war unter den anderen Vielgepriesenen der grofse Jannes (Jan van Eyck) und der Schüler Ruggiero (Rogier van der Weyden) nebst so vielen mit Vorzügen reich Begabten. Sie alle sind in dieser Kunst und hohen Meisterschaft der Farben so ausgezeichnet gewesen, dafs sie vielmals die Wahrheit übertrafen. Italien aber hat in unserer Gegenwart den würdigen Gentile da Fabriano gehabt, Giovanni da Fiesole, den Klosterbruder, der für alles Gute glüht, und, in

Medaillen wie Gemälden gleich, (Vettor) Pisano. Dann ist da Fra Filippo und Francesco Peselli, Domenico, genannt der Venezianer, Masaccio und Andreino (degli Impiccati, Castagno), Paolo Ocelli; Antonio und Piero (del Pollajuolo), diese grofsen Zeichner, und Pietro dal Borgo (de' Franceschi) älter noch als jene. Zwei junge Männer, gleich an Alter und an Streben, Lionardo da Vinci und der Peruginer Pier della Pieve, der ein göttlicher Maler ist. Und Ghirlandaja und der junge Filippino, Sandro di Botticello und der Cortonesse Luca (Signorelli), an Geist und Gaben eigner Art. — Und, wenn Etruriens schönes Land wir lassen: Antonello von Sicilien, ein hochberühmter Mann, Giovan Bellini, dessen Lob so weit verbreitet, Gentil, sein Bruder, und Cosmo (Tura), mit ihm gleich, Ercole (di Roberto Grandi) auch und Viele, die ich übergehe, „Nicht zu vergessen Melozo, mir so teuer, Der's in der Perspektiv so weit gebracht."

Dann in Skulptur der hehre Donatello, wie Bronzegufs und harter Stein ihn zeigen, der reizende Desiderio, so zart und schön, Messer Jacopo (della Quercia), nach seinem Brunnen zubenannt, der gute Vecchietta und mit ihm Rossellino, Vittorio di Lorenzo (Ghiberti) und der klare Quell der Humanität und angeborener Liebenswürdigkeit, der für die Maler wie die Bildner eine Brücke ward, auf der man leicht dahingeht mit Geschick, der hohe Andrea del Verochio, und Andrea (Bregnò), der zu Rom so trefflich schöne Werke componirt, Antonio Riccio, der so laut genannt wird, und in Flachrelief der herrliche Sanese (Francesco di Giorgio), der beste Architekt, ein würdiges Haupt; Ambrogio da Milano, von dem das wundervolle Rankenwerk bekannt ist, womit er die Alten mit ihrem feinen Sinn erreicht."

„Nun, wer da malt und bildet, meifselt, schnitzt, sein Werk wird allzeit allerwärts bewundert, sein Name steigt zu hohem Ruhm empor. Wer sollte da im Zorn sich nicht empören, wenn ein Talent ihm blüht, und dieses Volk will nicht ihn heben, wie sein Wert es fordert!" Unter den Griechen stand so schöne Übung Vornehmen und Edlen frei, viel Philosophen versuchten sich darin, und weil es ein trefflicher Eingang ist, die Anlagen auszubilden, war durch Gesetz bestimmt, dafs jeder Vater seinen Sohn darin unterweisen lasse, — wie wir heut noch lesen, „in antigraphischer Kunst." In Rom war Scipio und Caesar auch und vielberühmte

Leute darin bewandert, kannten ihre Gründe, und noch in unsern Tagen malte doch René, der alte König, gar manchem Andern rühmlichst vorgezogen."

„Dies haben wir in aufrichtiger Gesinnung für die Malerei gesagt, und in der Absicht, vor Allen Messer Andrea Mantegna zu rühmen, der in ihr das Prinzipat erlangt hat" 1). — „Und wahrlich, die Natur beschenkte diesen Mann mit so viel schönen wunderbaren Gaben, dafs ich nicht weifs, ob sie noch mehr vermöge! Denn mehr als Einer in Italien oder im Ausland sonst besitzt er alle Glieder dieser Kunst und so den ganzen edlen Leib zumal. Wohl findet sich mancher grofse Geist, der in einem einzelnen Teil hervorragt; wer aber wohl erwägt, wovon Andrea's Werke Zeugnis geben, wird sehen, dafs er die Zeichnung erstlich voll beherrscht, das wahre Fundament der Malerei; dann zweitens kommt Erfindung, die ihn glänzend schmückt, dafs — wäre Phantasie auch völlig ausgelöscht und tot, — sie wär' in ihm, soviel ich seh, erstanden, zu solchem Nutzen für die Nachgebornen und Jedermann, der seinen Spuren folgt, dafs alle mühlos sich belehren können. Nie ergriff und handhabte ein Mann den Pinsel oder andern Stift, der so wie er des Altertums berufener Nachfolger gewesen, in solcher Wahrheit und in gröfserer Schönheit; ja, wenn es nicht zu viel behaupten heifst, er übertrifft die Alten, so viel davon geblieben, allesamt. Drum stelle ich ihn höher als die Übrigen. Dann sieh' den Fleifs, sein feines Colorieren, mit allen Unterschieden der Entfernung, der Gestalten Bewegung und die wunderbaren Verkürzungen, die jeden staunen machen, das Auge täuschen und den Geist erfreuen. Die Perspektive dann, mit Geometrie und Arithmetik im Gefolge, begegnet sich mit der hehren Architektur. Wie grofs der Genius im Menschen irgend möglich ist, so leuchtet uns Mantegna und drückt in grofsen Gedanken sich blendend aus, so dafs ich ganz in meinem Sinn verstumme. Denn was viel hohe Geister sonst in edler Malerei bisher gewiesen, erscheint bei ihm in äufserster Vollendung. Hat er doch auch mit feinen, zarten Tönen die Modellierung nicht versäumt, ein Relief erreicht, dafs selbst Skulptur bekennen mufs, wie viel der Himmel ihm und gnädige Schickung gab. Drum darf Natur mit Recht sich seiner

---

1) So bis Fol. 314 a. Ich lasse nun das Frühere über Mantegna von Fol. 311 b hier folgen, weil es besser hierher gehört.

rühmen. Und sein Fürst, der ihn um seine Malerei zum Ritterstand erhob, hat aus edlem Herzen und in lobenswertem Eifer gehandelt: um der Modernen Schande zuzudecken, die ihren Sinn zur Habsucht ganz gewendet!"

Das ist gleichsam das Glaubensbekenntnis unseres Malerpoeten über seine Kunst. Wohl scheint ihm Dichtung und Geschichtsschreibung mehr dazu angetan, die Ruhmessehnsucht des Renaissancemenschen zu befriedigen, oder doch mehr begünstigt, da die Schätzung des bildenden Künstlers noch nicht so weit durchgedrungen war, wie er es wünscht. Macht er doch Miene, eben als Renaissancemensch, sich bitter zu beklagen und in leidenschaftlichen Ausdrücken zu fordern, was Mantegna erreicht, ihm selber versagt blieb: die äufsere Anerkennung seines Standes. Die bescheidensten Quattrocentisten sehnen sich am Ende aus den Kreisen des Handwerks heraus; Gentile Bellini, Crivelli und Soddoma bezeichnen sich als Ritter, und der Sohn Giovanni Santis darf um eine Cardinalsnepotin freien. Aber das Liebäugeln mit dem Degen des Cavaliers oder der Feder des Gelehrten sind nur Anwandlungen eines geistig regsamen, nach höherer Bildung verlangenden Künstlers, der am Abend seines Lebens fühlt, dafs er auch dazu wohl getaugt hätte. Die eigentliche Herzenssache bleibt ihm doch die Malerei. Es ist rührend, wie er ihr Lob verkündet, und schliefslich von Bewunderung für Mantegna hingerissen, sich diesem Einen ganz gefangen giebt. So aber nimmt die allgemeine Betrachtung, die er „una Disputa della pictura" nennt, eine ganz persönliche Wendung, die erst durch besondere Erlebnisse seiner letzten Jahre verständlich wird.

Giovanni selbst ist, wie wir gehört, im Auftrag seiner jungen Herzogin Elisabetta Gonzaga in Mantua gewesen, um Bildnisse ihrer Angehörigen zu malen. Dort hat er am Hofe natürlich den berühmten Meister persönlich kennen gelernt und seine Malereien im Castello di Corte und im Palazzo S. Sebastiano bewundert. Seine eingehende Wertschätzung ihrer Vorzüge kann nur aus eigener Anschauung gewonnen sein; sie ist zu lebhaft, zu richtig und zu subjektiv von Interessen aus Santis Schulrichtung heraus durchzogen, um auf den Bericht eines Dritten, gar eines Nichtkünstlers, wie etwa des Sekretärs Paltroni, zurückgeführt zu werden. Darüber darf uns der Umstand nicht täuschen, dafs der Dichter sein Lob Mantegnas dem Helden des Epos, dem Herzog Federigo in den Mund legt, und es — ein Jahrzehnt früher — beim letzten Besuch des alten Kriegsherrn zu Mantua 1482, an die Fresken der Camera dei Sposi im Castello di Corte knüpft. „Dann schaute er, heifst es von Federigo (Fol. 311a), die Lage und die Schönheit der grofsen Stadt sich an und darauf des weiten Schlosses „del ampia corte" — genofs das hohe Vergnügen, die wunderbaren Malereien zu betrachten, und die hehre Art des Andrea Mantegna, des berühmten Genius, dem der Himmel die Pforten seiner Gnade weit geöffnet. Denn in der herrlichen, erhabnen Malerkunst, die in unserem Jahrhundert so glänzend erblüht, trägt dieser das Banner seiner Überlegenheit und seines Ansehens hoch empor. Und da der Herzog als kundiger Maecen diese Gemälde in solcher Würdigkeit erblickte, erhob er auch das Lob so tüchtigen Künstlers mit gebührenden Worten und trefflichem Ausdruck vollauf." — Ebenso kehrt der Dichter am Schlufs zu seiner Fiction zurück: „Mantegna machte den Herzog von Urbino bewundernd staunen, da er seine Malereien und seine einzig schöne Kunst erschaute." Trotzdem redet er dazwischen überall erkennbar von sich aus, als Maler, und die ganze disputa della pittura erweist sich als nachträgliches Einschiebsel des Autors, das erst in Folge seines Aufenthaltes zu Mantua bei der Rückkehr nach Urbino hinzugekommen. Dafür spricht aufser den inneren Gründen auch die äufsere Länge dieses Kapitels, das, sonst ausschliefslich dem Beginn des ferrarischen Krieges gewidmet, nun zwei völlig heterogene Bestandteile enthält.

Damit ist eine wichtige Entscheidung gewonnen. Denn jedenfalls haben wir nun in den eigenen Anschauungen des Malers nicht früher mit der Kenntnis Mantegnas zu rechnen und seine künstlerische Entwicklung bleibt frei von dem direkten Zusammenhang mit der paduanischen Kunstweise. Der Eindruck, den er im letzten Lebensjahre zu Mantua empfing, wirkte gerade deshalb so mächtig und überwältigend, weil in der langen Abgeschiedenheit der provinziellen Thätigkeit zu Urbino die Erinnerung an die glänzenden Werke seiner nächsten Vorbilder verblafst war, und sein Bedürfnis nach Anregung mittlerweile zum Heifshunger gesteigert sein mufste.

Dagegen bedeutet der übrige Inhalt dieses Lobes der Malerei eben das Bekenntnis unseres Malers selbst. Dieser „Trionfo dei pittori e scultori del Quattrocento" bezeichnet die leuchtenden Gestirne an seinem Firmament, und es ist der eigene Horizont, den er abgrenzt, wo er die Aufgaben seiner Kunst ins Auge fafst. Die Wahl der Namen erklärt sich hier und da gewifs nur aus zufälligen Motiven, aus den Bedingungen seiner Heimat, seines Wirkungskreises oder kurzer Wanderjahre, die ihn hinausgeführt. Im Grunde jedoch sind es die Ideale seines Strebens. Toskana, ja besonders Florenz, ist ihm die Wiege der neuen Kunst; ob er sie aber aus eigener Anschauung kennt, ist nach diesen Namen schwer zu sagen, um so weniger notwendig, je mehr persönliche Bekanntschaften mit einzelnen Künstlern in Urbino nachgewiesen, mit andern auf dem Wege durch Umbrien nach Rom angenommen werden können. Vergifst er unter den Bildhauern doch einen Mann wie Lorenzo Ghiberti, obgleich er seinen Sohn Vittorio nennt. Sollte das einem Maler begegnen, der einmal vor der Porta del Paradiso gestanden? Aber es fehlt auch Luca della Robbia, von dem er das Tympanon des Portals von S. Domenico in seiner Heimat vor Augen hatte. Nur ein florentinischer Meister, Andrea del Verrocchio, wird so unmittelbar persönlich, ja mit intimem Gefühlsanteil als liebenswürdiger Mensch, wie als Quell alles Kunstvermögens gepriesen, dafs der Eindruck wirklicher Berührung unleugbar scheint. Genug solcher Fragen drängen sich auf. Es gilt seine Angaben richtig zu verwerten, wie der Verfolg seines Bildungsganges oder die genetische Erklärung seiner Leistungen es fordern.

Giovanni Santi erzählt uns in seiner Widmung des Epos an Guidobaldo selbst, dafs er erst spät sich der edlen Malerei in die Arme geworfen. „Seitdem das Kriegsgeschick — (bei einem Ueberfall Sigismondo Malatestas erlitt Colbordolo, der Geburtsort Santis, zerstörende Plünderung) — mein väterliches Nest in Feuer verschlungen, und alle unsere Habe vernichtet war, hat mich Fortuna auf soviel Krümmungen und abschüssigen Pfaden umhergetrieben, dafs es zu lang wäre, davon zu berichten. Als ich aber das Alter erreichte, wo ich vielleicht zu irgend einer nützlicheren Leistung aufgelegt gewesen wäre, ergab ich mich nach vielerlei Geschäftsbetrieb, um mir den Lebensunterhalt zu verdienen, der wundervollen Kunst der Malerei — nach der ich mich nicht schäme genannt zu werden." — Klingt in diese Zeilen auch etwas wehmütige Resignation hinein, dafs er sein Verlangen nach geistiger Ausbildung nicht besser befriedigen können, so bleibt doch das Wichtigste, dafs auch der Lebensberuf, den er nun wirklich erfüllt, erst in reifem Alter ergriffen wurde. Das allein schon erklärt es, warum ein Gefühl des Ungenügens zurückgeblieben; denn die Malerei erfordert nicht blos, wie er selber ausspricht, den ganzen Mann, sondern auch frühes Lernen in geschmeidiger Jugend, und die rechtzeitige Übung der Handfertigkeit kann nachträglich kaum eingebracht werden. Das ist ein Umstand, der für die Beurteilung des Künstlers weit mehr in Betracht kommt, als etwa die Enge des heimischen Gesichtskreises.

Allerdings müssen wir auch diese berücksichtigen; aber mehr für seine selbständige Thätigkeit als für die Lehrzeit. Für Anregung und Fortschritt war gerade damals in Urbino unter der Herrschaft eines geistig hochstehenden Fürsten wie Federigo Montefeltre gut gesorgt. In der einsamen Gebirgsstadt strömten, wie die Strafsen aus den Thälern her sich hier durchkreuzen, von mehreren Seiten Einflüsse zusammen. Besonders rege war der Verkehr mit Gubbio, weil es schon früher die zweite Residenz, nun sogar als Lieblingsaufenthalt der Gräfin, der gelehrten Battista Sforza, bevorzugt wurde. Von dort her drang schon geraume Zeit die zarte, anmutige Richtung der Maler von Fabriano, aber auch die asketischen Neigungen der Kunst zwischen Fuligno und dem heiligen Hügel des Franz von Assisi herein. Schon 1416 malen in Urbino die Brüder Lorenzo und Jacopo da Sanseverino, die zwischen Ottaviano Nelli von Gubbio und Gentile da Fabriano die Mitte halten. Dann erscheint Ottaviano di Martino selbst zwischen 1420 und 1433 mehrfach, jahrelang dort ansässig, und arbeitet noch 1434 für die Gräfin Caterina, die zweite Gemalin des Guidantonio von Urbino in Gubbio. Von ihm ist laut Inschrift das im Auftrag der Fraternità della Misericordia gemalte Fresco in der Altarnische des Kirchleins S. Maria di Lomo vor Porta S. Lucia bei Urbino, eben eine Schutzpatronin der Barmherzigkeit, mit Petrus, Paulus, Bartholomäus und Jacobus Episcopus zu den Seiten, unter deren ausgeflickten Resten ich 1880 noch deutlich las: „Quod Opus pinxit Otavianus de Eugubio." [1])

Zur selben Zeit ist auch Antonio di Guido da Ferrara bis gegen das Ende der vierziger Jahre in Urbino thätig.[2]) Die Bruderschaft della Misericordia beschäftigt um 1464 zwei fremde Maler, Piero da Reggio und Fra Jacomo da Venezia, einen Dominikaner, welche

---
[1]) Pungileoni erwähnt das Fresco S. 5 ohne Angabe des Autors, Passavant wie Brosoe und Cavalcaselle kennen es nicht. Die Urkunden über Ottaviano bei Pungileoni S. 50. Gualandi, Nuova raccolta di lettere, I, p. 7 ff., Buonfatti, Memorie storiche di O. N. Gubbio, 1843.

[2]) Die urkundlichen Nachweise über die genannten Maler geben wir später.

das neue Sprechzimmer des Vereinshauses mit Malereien schmücken. Zwei Jahre später arbeitet ein Meister von Fuligno, der nicht näher benannt wird, für die Fraternità Corpus Christi, der Santi und seine Familie angehören. Gerade diese Bruderschaft ist es, die dann drei wichtige auswärtige Kräfte nach einander heranzieht.[1]) Zunächst malt Paolo Uccelli zwischen 1467 und 1468, offenbar ein gröfseres Wandgemälde. Im folgenden Jahre wird Piero de' Franceschi von Borgo S. Sepolcro veranlafst, nach Urbino zu kommen, um eine Altartafel anzusehen, die man ihm aufzutragen gedachte. Er wohnt bei Giovanni Santi, der ihn auf Kosten des Vereins bewirtet, aber, wie es scheint, nicht lange; denn ein Abkommen ward nicht erzielt, und der Auftrag fiel später, unter Beteiligung des Fürsten, dem Niederländer Justus von Gent zu. Doch Piero dal Borgo war schon früher im Dienste Federigos von Urbino beschäftigt: davon zeugen die Bildnisse des berühmten Kriegsherrn und seiner Gemahlin Battista Sforza, die sich jetzt in den Uffizien zu Florenz befinden. Und später dann um 1471—72 haben wir das grofse Kirchenbild anzusetzen, das, jetzt in der Brera, ursprünglich für das Kloster S. Bernardino auf dem nächsten Hügel gegenüber dem Schlosse von Urbino gemalt war, mit der Porträtfigur des knieenden Federigo zu den Füfsen der Madonna.

Paolo Uccelli und Piero de' Franceschi, die grofsen Meister der Perspektive, — das bedeutet den Einzug des neuen, streng realistischen Geistes, der auf die wissenschaftlichen Grundlagen der malerischen Darstellung zurückgeht. Dieser Richtung gehört auch Giovanni Santi an; das sagen die ausgesprochenen Überzeugungen ebenso entschieden, wie seine Werke. Fragen wir jedoch nach einem Lehrer, der ihm die charakteristischen Bestandteile seines Kunstvermögens vermittelt habe, so kommt weder der Eine noch der Andere dauernd in Betracht. Möglich, dafs der strenge Zeichner Paolo Uccelli, der über perspektivischen Konstruktionen so ganz der Palette vergafs, ihn in der Kunst des Aufreifsens unterwiesen, so lange er dem Hause des alten Sante da Colbordolo nah, bei den Brüdern von Corpus Christi wohnte. Möglich, dafs Piero de' Franceschi ihn freundwillig eingeweiht in die Geheimnisse seiner Farbenmischung, in die Beobachtung und Wiedergabe optischer Erscheinungen. Gewifs ist nur, dafs jenes Altarbild in S. Bernadino

---

[1]) Vgl. m. Melozzo da Forli, 1886, S. 359 f.

auch bestimmend auf Santis Kompositionen dieser Art, ja zum
Teil auf die Typen seiner Heiligen eingewirkt; aber dies geschah,
weil die Tafel daheim vor aller Augen stand. Für persönlichen
Unterricht scheint niemand anders übrig zu bleiben, als der Dominikanermönch Bartolommeo di Giovanni della Corradina, gewöhnlich
Fra Carnevale genannt, der seit Anfang der sechziger Jahre Pfarrer der
Gemeinde Cavallino unweit Urbino war, doch mit der Hauptstadt
und besonders mit der Bruderschaft Corpus Christi in Beziehung stand.
Leider sind die wenigen litterarisch nachweisbaren Gemälde verloren
gegangen, und das einzige erhaltene Werk, was man ihm zuzuteilen
geneigt ist, ein Votivbild in S. M. delle Grazie bei Sinigallia, zeigt noch
zwischen 1478—1484 einen so knechtischen und dabei brutalen Nach-
ahmer des Piero de' Franceschi, dafs wir wiederum ratlos stehen.[1])

Doch stellen wir alle diese Vermutungen bei Seite, um lediglich
die Summe von Eigenschaften sprechen zu lassen, die Santis eigene
Werke enthalten, so ergiebt die einfachste und natürlichste
Kombination dieser Elemente mit den Zeitumständen, die dem Beginn
seiner selbständigen Thätigkeit unmittelbar voranliegen, dafs die
entscheidende Ausbildung erst in den siebziger Jahren zu suchen ist,
als Federigo Montefeltre für die Ausschmückung seines neuerbauten
Palastes Sorge trug. Die Anwesenheit des Melozzo degli Ambrosi
da Forli gab ihm die Richtung fürs Leben. Freilich stellte damals
auch der Niederländer Justus von Gent (1473—1474) die Altartafel
mit der Einsetzung des Abendmahls für das Gotteshaus Corpus
Christi her und malte für das Studio des Herzogs, der, selbst im
Besitz eines wunderfeinen Bildchens von Jan van Eyck, die Oeltechnik
des flandrischen Meisters bevorzugte. Aber die germanischen Typen
des Genters haben erst später auf Giovanni Santi nachweislichen
Einflufs gewonnen. —

Melozzo dagegen war es, dem die Oberleitung bei der
malerischen Ausstattung der Bibliothekräume und des Studio im
Schlosse anvertraut wurde. Nach seinen Prinzipien monumentaler

---

1) Vgl. über ihn m. Melozzo da Forli, S. 361 ff. Das Bild in Sinigallia ist eine
Stiftung des Giovanni della Rovere und seiner Gemahlin Giovanna, Tochter Federigos von Urbino. Diese Ehe ward 1478 geschlofsen; 1484 starb Fra Carnevale.
Aber die Kiche S. M. delle Grazie ist erst 1491 gestiftet. Eine thronende Madonna
in Lille mit der Bezeichnung: BARTOLOMEVS M GENTILIS DE VRBINO PINXIT
ANN⁰ MCCCCLXXXXVIJ. offenbart in der kleinlichen Nachahmung einen Schüler
des Giovanni Santi, wie auch das Datum vermuten liefs.

Innendecoration entstanden in den Jahren 1474—1476 besonders die Tafelbilder der Libreria, welche unter dem Vorwand einer allegorischen Verherrlichung der sieben freien Künste uns einen so wahrheitsgetreuen Einblick in das geistige Leben des Fürstenhofes gewähren, ja mitten hineinversetzen in den auserlesenen Kreis der Angehörigen des vielgepriesenen Herrscherhauses selbst. Hier, wo der Herzog Federigo mit seinem Bruder Ottaviano, seinem Schwager Costanzo Sforza, seinen Schwiegersöhnen und Töchtern in leicht verständlicher Verkleidung porträtiert waren, und droben in dem traulichen Lesestübchen, wo die Bilder der alten Philosophen, der Kirchenväter, der Poeten und Historiker aus der Wandvertäfelung herabschauten, hier hat auch Giovanni Santi jedenfalls als Gehülfe der Meister seine Kräfte versucht und seine Schulung empfangen.[1]) Wir werden durch mancherlei Erwägungen auf eine enge Gemeinschaft mit dem Forlivesen hingeführt, am unabweislichsten zunächst durch die Verse unseres Poeten selbst. Denn während er Justus von Gent weder bei den Schilderungen des Schlosses noch in seinem Malerkatalog erwähnt, sei es aus Eifersucht der Italiener auf den Fremden, oder weil dieser Schützling des Herzogs sich gegen seine Auftraggeber, die Brüder von Corpus Domini, nicht so benommen, wie er sollte („perchè non fece el douere" heifst es in den Akten), genug, während das Andenken des Niederländers wie ausgelöscht scheint, als Giovanni sein Epos dichtete, hebt er Melozzo degli Ambrosi aus der Reihe der Übrigen heraus mit dem Bekenntnis persönlicher Liebe „a me sì caro."

Ja, noch mehr. Wir glauben aufs Bestimmteste annehmen zu müssen, dafs Giovanni Santi den befreundeten Meister bei seinem Weggang von Urbino nach Rom begleitet und einige Jahre hindurch mit ihm gearbeitet hat. Denn, dafs er die Stadt der Päpste aus eigener Anschauung kennen gelernt, dafür spricht doch wohl beinahe zwingend die Thatsache, dafs er unter den berühmten Bildhauern, die er namentlich aufführt, auch einen römischen Künstler nennt, von dessen Ruf über die Stätten seines Wirkens hinaus uns sonst kein auffallendes Zeugnis erhalten ist. Giovanni wählt nicht nur gerade ihn, — was eine Erklärung fordert, — sondern charakterisiert auch seine Eigenart so treffend, dafs wir nicht zweifeln können,

---

1) Näheres s. Melozzo da Forli, S. 95 ff., wo die jetzt zur Hälfte im Louvre zu Paris, zur Hälfte im Palazzo Barberini zu Rom befindlichen Bilder des Studio genauer analysiert werden.

wen er im Auge hat, obschon er den Vornamen, den viele Andere auch getragen, für ausreichend hält mit der Ortsangabe Rom. Er stellt ihn, allerdings zunächst gewifs des gleichen Namens wegen, mit Verrocchio, den er so ganz persönlich feiert, in eine Verszeile zusammen:

L'alto Andrea del Verochio e Andrea, ch'a Roma
Si gran componitore è cum belleza,

und meint damit jedenfalls den Marmorbildner Andrea Bregnò, der 1473 den einstigen Hochaltar in Sta. Maria del Popolo (jetzt in der Sacristei), dann eine Reihe schöner Grabmäler in dieser Kirche und andern Roms geschaffen, um 1485 den Altar des Kardinals Fr. Piccolomini im Dom von Siena aufgestellt hat, — d. h. einen Meister, der in diesem Jahrzehnt gerade, wo wir eine Anwesenheit Santis in der ewigen Stadt zu suchen hätten, die eigentlich römische Skulptur bestimmt, und dessen beste Stärke unser Poet so überraschend als „Schönheit des Komponierens" bezeichnet.[1])

Wie aber, wenn die Zusammenstellung mit Andrea del Verrochio noch in Santis Erinnerungsbild eine nähere Erklärung fände. Eben in Rom kann er die Bekanntschaft des liebenswürdigen Florentiners gemacht haben, der als Maler eine so tiefgreifende Einwirkung auf die tüchtigsten Meister von Perugia, Fiorenzo di Lorenzo und Pietro Vanucci geübt hat, bei unserem Dichter jedoch unter den Bildhauern genannt wird. Verrochio arbeitete nach dem Tode der Francesca di Luca Pitti in Rom (September 1477) im Auftrage ihres trauernden Witwers Giovanni Tornabuoni das Grabmal in Sta Maria sopra Minerva, dessen Marmorreliefs ins Museo Nazionale zu Florenz gerettet worden.[2]) Für die nämliche Kapelle war eben damals Domenico Ghirlandajo beschäftigt, dessen untergegangene Fresken zwei Geschichten aus dem Leben der Maria und zwei aus dem des Täufers enthielten.[3]) Auch ihn hat Santi namentlich angeführt, und Ghirlandajo ist der einzige Florentiner, mit dessen Sinnesart die stille schlichte Natur und das milde Schönheitsgefühl des Urbinaten augenfällige Verwandtschaft zeigt. Aus dem nämlichen Jahre 1477 besitzen wir endlich eine urkundliche Notiz, welche

---

1) Vgl. über ihn meinen Aufsatz „Meister Andrea" im Jahrbuch der K. preufs. Kunstsammlungen 1883. Die Inschrift des Altars in S. M. del Popolo beginnt übrigens mit den Worten: Dum Andreas hoc opus componit . . . ."

2) Die vier allegorischen Einzelfiguren davon sind neuerdings vom Kunsthändler Bardini in Florenz an Mr. Ed. André in Paris verkauft worden.

3) Vgl. Vasari, Opere III, p. 259 u. 361.

freilich nur den Namen „Johannes" mit dem Zusatz „Gehülfe des Meisters Melozzo" darbietet, aber auf Niemand so einfach und ungezwungen bezogen werden mag, als auf Giovanni di Sante da Colbordolo.

Melozzo da Forli ist nach seiner Rückkehr von Urbino, an der Jahreswende von 1476 auf 1477 dabei, in einem Freskogemälde der vatikanischen Bibliothek Papst Sixtus IV. mit den Seinigen darzustellen, wie er den ersten Präfekten dieser Büchersammlung, Bartolommeo Platina, in feierlicher Audienz empfängt. Am 15. Januar 1477 war die Arbeit so vorgeschritten, daſs die Goldverzierungen aufgesetzt werden sollten, und Platina verzeichnet in seinem Zahlungsregister ein Sümmchen für den Ankauf dieses Goldes. Darnach aber lesen wir unter diesen Ausgaben am 7. Mai

„Habuit famulus magistri Melotii ducatum unum pro armis pontificis pictis in libris Bibliothecae a Sanctitate sua dono datis" . . .

und weiterhin genauer:

„Dedi Ioanni pictori famulo m. Melotii pro pictura trium tabularum ubi descripta sunt librorum nomina carlenos XVIII, die X octobris 1477."[1])

Damit ist, wie wir glauben, der Vater Raphaels als Gehülfe Melozzos in Rom so gut wie doppelt und dreifach erwiesen. Dem ferner stehenden Leser allerdings, der die feinen Beziehungen natürlich nicht so beurteilen kann wie ein Forscher, der sich jahrelang in alle diese Quellen vertieft hat, dem sogenannten „unbefangenen" Kritiker dürfte dies Alles noch wie ein Gewebe aus lauter Hypothesen erscheinen, das nur als Fangnetz ausgespannt werde. Doch ein Gelehrter, dessen Ernst wenigstens Vertrauen erworben hat, darf seinerseits auch erwarten, daſs man ihm, wo es nicht anders sein kann, einen Vorsprung einräumt, und nicht alles, was den „Unbefangenen" überrascht, eben deshalb sogleich über die Klinge springen läſst. Nun, der überzeugendste Beweis für jeden, der uns zu folgen vermag, steht noch aus: zwischen Giovanni Santi einerseits und den damaligen Arbeiten des Melozzo da Forli nebst seiner römischen Umgebung andrerseits ist unleugbar der engste Zusammenhang vorhanden, und eben die Verquickung dieser Momente ist es, welche die Annahme einer Fortsetzung der urbinatischen Lehrzeit auf dem Boden der ewigen Stadt gebieterisch fordert.

[1]) Eugen Müntz, Les Arts à la Cour des Papes, III, p. 131.

Die Verwandtschaft der ganzen Kunstweise Santis mit der des Melozzo ist so grofs, dafs aus dem Vorbild dieses Lehrers befriedigende Erklärung für alle Hauptbestandteile seines Könnens hergeleitet werden kann. Dazu kommt indessen, bezeichnender Weise für den minder begabten Schüler und bestätigend zugleich, ein spezifisch römisches Element, das wir auf keinen Anderen als Antoniasso Romano, Melozzos damaligen Genossen, und daneben auf römische Skulpturen dieser Zeit, wie die eines Paolo Taccone oder Andrea Bregnò, zurückzuführen vermögen. Diese Zusammensetzung bleibt für Santis Lebensdauer gültig, fast unverändert. Die späte Ausbildung seiner Hand liefs ihn kaum zu völlig freier Herrschaft über alle Mittel hindurchdringen und behindert die lebendige Äufserung der persönlichen Eigenart, die ihrerseits nicht so individuell, nicht so stark oder so einseitig scheint, um die Schranken des Erlernten zu durchbrechen.

Nur so erklärt es sich, weshalb Giovanni Santi die Freskomalerei genau so meisterlich handhabt, wie der Forlivese, — weshalb gerade das Wandgemälde der vatikanischen Bibliothek mit Sixtus IV. und den Seinigen so überraschende Vorzüge mit allen Porträts des Urbinaten gemein hat, und weshalb nirgends sonst in den Schöpfungen Melozzos die Vorbilder für unseres Malers Idealtypen zahlreicher zu finden sind, als in dem Freskenschmuck der Kuppel zu Loreto, der kurz darnach im Sommer 1478 ausgeführt wurde. Es darf angenommen werden, Giovanni habe seinen Meister nach Loreto begleitet. Das grofse römische Hauptwerk dagegen, die Himmelfahrt Christi in der Apsis von Sti Apostoli zu Rom, scheint er nicht mehr gesehen zu haben; der höchste Aufschwung zu monumentaler Gröfse, die volle Idealität dieser Engelglorie blieb ihm unbekannt, so dafs er auch in Mantua angesichts der Leistungen Mantegnas zu einem Vergleich keine Veranlassung fühlte. Denken wir Giovanni bis zum Ausgang des florentinischen Krieges um 1480—1481 in Melozzos Nähe, so haben wir den Schlüssel zu seiner eigenen Thätigkeit gefunden.

Seine frühest datierte Arbeit begegnet uns in dem Gebirgsstädtchen Cagli, das auf dem Wege von Rom nach Urbino gelegen ist, und trägt neben dem Gepräge gründlichen Ernstes, der spätbegonnene Studien zu begleiten pflegt, doch die Spuren der Ungewandtheit eines Anfängers an sich. In der Kirche S. Domenico sieht der Eintretende zur linken Hand einen Marmorsarkophag in die Mauer eingelassen mit drei lateinischen Distichen daran und der Unterschrift:

BAPTE CŌIVGI PIĒTISS. PE. CAL. S. D. AÑO MCCCCLXXXI.

darüber eine rechtwinklige Nische mit drei Halbfiguren in Freskomalerei:[1]) in der Mitte aus der Grabesöffnung hervorragend der tote Christus mit Dornenkrone und Seitenwunde, blutbetropft, die Hände über den Leib gekreuzt; links S. Hieronymus, ein langbärtiger Greis in ärmellosem Kittel, mit einem Stein in der Rechten, die über den Rand der Brüstung ausholt; rechts ein Franziskanermönch mit Buch, in dem man Bonaventura erkennen will, ohne zu bedenken, dafs dieser Kardinal erst 1482 von Sixtus IV. heilig gesprochen wurde. Die Körper sind vollkommen plastisch, im Sinne Melozzos, vor den blauen Hintergrund gesetzt: aber ungeschlacht, derb, mit schweren Köpfen und grofsen Händen, doch durchaus wirksam. Christus hat den Typus, den wir auf einem Tafelbild des Forlivesen in Città di Castello finden, nur plumper behandelt. Der nackte Leib bezeugt sorgliches Naturstudium, die Arme des Hieronymus geben sogar die welke Schlaffheit des Greisenalters wieder, aber die erhobene Hand des Mönches zeigt, von der Innenfläche sichtbar, die Ungeschicklichkeit, die Giovanni auch in zehnjähriger Übung nicht völlig überwindet. Das Fresko gehört gewifs zu seinen Erstlingsleistungen, doch tragen seine Heiligengestalten schon hier den eigenen Charakter: es sind Gebirgsbewohner, mit steifen Gliedern und hartem Schädel, aber grofsen, tiefen, ausdrucksvollen Augen, und die andächtige Trauer des Herzens tritt wahr und ergreifend in die markigen Züge.

Der Auftraggeber ist Pietro Tiranni,[2]) der nach dem Tode seiner Frau von Cagli nach Urbino zog und dort noch 1502 als Kanzler der Giovanna Feltria della Rovere, der Witwe des römischen Stadtpräfekten und Herrn von Sinigallia genannt wird. Er soll auch der Stifter des anstofsenden Altares mit dem grossen Wandgemälde des Giovanni Santi gewesen sein, wenn auch das Heiligtum nicht sowohl zum Gedächtnis seines Weibes, das er nebenan bestattet, als vielmehr zur Ruhestätte für ihn selbst bestimmt war. Dieser Umstand aber beweist garnichts für die zeitliche Aufeinander-

---

1) Photographie von Alinari, 861.
2) Pungileoni, pag. 114: Petrus de Tyrannis de Callio Cancellarius Dom. Praefectissae

folge der Malereien.¹) Und wenn Crowe und Cavalcaselle behaupten, es sei schwer einen Zeitunterschied zwischen dem soeben besprochenen Fresko der Grabnische und dem umfangreicheren des Altars aufzuweisen, so müssen wir entschieden widersprechen.

Allerdings beginnt hier die Schwierigkeit, mit den wenigen beglaubigten Daten, die wir besitzen, eine chronologische Reihenfolge der Werke Santis herzustellen. Und doch wird nur so ein Bild seiner Lebensthätigkeit gewonnen, das die Anforderungen des Historikers befriedigt. Aufser dem kleinen Arcosolium in Cagli von 1481 sind nur noch zwei Altartafeln inschriftlich datiert: in Gradara 1484 und in Montefiorentino 1489. Schon am 1. August 1494 ist der Meister gestorben. Wir haben also für die dreizehnjährige Dauer seines selbständigen Schaffens nur ein paar sichere Etappen. Es ist die sorgfältigste Vergleichung der einzelnen Arbeiten unter sich und die genaueste Kenntnis der gleichzeitigen Entwicklung bei allen Nachbarn erforderlich, um die übrigen Gemälde im Anschlufs an jene festen Mittelpunkte zu gruppieren.

Vor allen Dingen mufs ein Hindernis beseitigt werden, das wir Pungileoni verdanken, der auch das Altarfresko in Cagli willkürlich um 1492 ansetzt. Er hat im Archiv der Kirche S. Francesco in Urbino, angeblich in einem Buche A, das vom Jahre 1286 bis 1619 reichte (die erste Zahl enthält gewifs einen Druckfehler), die Eintragung gefunden: „Altare S. Sebastiani imago (sic!) lignea perpulcra ornatum mediocriter fuit erectum a familia de Buffis anno 1489." Seine Angabe nachzukontrollieren ist mir leider unmöglich gewesen, da dies Libro A im Archiv von S. Francesco unter den wenigen Überresten, die mir 1880 bereitwilligst anvertraut wurden, nicht mehr vorhanden war. Pungileonis flüchtig zusammengeraffte und unordentlich ausgeschüttete Dokumente sind jedoch gerade in den Zeitbestimmungen vielfach ungenau; hier vollends scheint nur die Notiz einer Kirchenvisitation aus dem 16. oder gar 17. Jahrhundert vorzuliegen, welche die Zeit der Stiftung des Altares mit bekannter Gleichgültigkeit nur ungefähr beifügte. Läsen wir

---

1) Der Scheinsarkophag der Battista Tiranni ist wohl in die Wand eingelassen als das Fresko bereits fertig war, denn die Spitze des Deckels sitzt nicht genau lotrecht in der Mittelaxe des Bildes. Dann erst wurde, wie es scheint, mit dem architektonischen Aufbau der Kapelle daneben begonnen, für den die Tradition mit Unrecht Bramante in Anspruch genommen. Also ist aus zwei Gründen eine Zwischenzeit anzunehmen, die eine Fortarbeit des Malers unwahrscheinlich macht.

statt 1489 etwa 1480 oder 1482, so hätten wir das Gründungsjahr der Kapelle wahrscheinlich richtig gefunden. Jedenfalls können wir uns nicht, wie die früheren Forscher, gebunden halten, die Altartafel der Familie Buffi, die mittlerweile von S. Francesco in das Istituto di Belle Arti gekommen ist, mit dem schönen Gemälde zu Montefiorentino in das nämliche Jahr 1489 zusammen zu stellen.

Das farbenprächtige Bild, mit dem Giovanni Santi den Altar des heiligen Sebastian in S. Francesco geschmückt, gilt seit Passavants Publikation als ein Hauptstück, nach dem man den Wert des Künstlers beurteilt. Aber es gehört in seiner befangenen, sogar etwas ungeschlachten Weise der frühesten Zeit des Malers an und gleicht in vielen Stücken noch dem Fresko in Cagli von 1481.[1]) Der Auftrag der befreundeten Familie ward dem Heimgekehrten offenbar die Veranlassung, durch angestrengte Sorgfalt sein Ansehen in der Vaterstadt zu begründen, und so ist es geeignet, ihn von mancher Seite grundlegend kennen zu lernen. Die grofse Tafel bietet eine verhältnismäfsig reiche Komposition aus mannichfaltigen Bestandteilen. Für den kundigen Betrachter empfängt das Werk jedoch seine eigentliche Bedeutung erst durch den Konflikt zwischen Wollen und Können, den es offenbart. Der Künstler strebt mit ernster, eifriger Anspannung über den Bannkreis, der ihm gesteckt ward, hinaus und hat noch nicht gelernt, sich in seinen Grenzen zu bescheiden. Der monumentale Zuschnitt, den er draussen gesehen, steckt ihm noch im Sinn; aber er mufs überall anstofsen im Aufschwung, denn die Enge daheim zu überwinden reichen seine Mittel nicht aus.

In einer Hügellandschaft unter freiem Himmel ist ein heiliger Bezirk durch ein niedriges Gitter eingehegt und mit Marmorfliesen gepflastert. Darin thront auf sechseckigem Podium die Madonna in einer Marmornische mit reicher Täfelung, Pilastern, Konsolen, verkröpftem Gebälk und zwei grofsen goldenen Vasen darauf. Die architektonischen Formen und die Zusammensetzung bunter Steinsorten sind ganz im Geschmack des Luciano Laurana, der das Schlofs des Herzogs erbaut hat, und des Melozzo da Forli, der ganz ähnliche Throne auf den Darstellungen der freien Künste in

---

1) Es ist durchaus nötig, die Photographie (Alinari 825) neben den Stich bei Passavant zu legen, obgleich die Retouchen so stark sind, dafs z. B. die Krone über Maria ganz verschwunden ist. Durchzeichnungen der Köpfe bei Ramboux, Umrisse, Tafel 211—216.

der Libreria darin angebracht. Maria selbst ist nonnenhaft gekleidet, ernst und einfach. Sie erhebt die Linke wie bewundernd, dafs die Innenfläche der steif gezeichneten Hand sichtbar wird, und stützt mit der andern das Kind, das nackt, nur mit einer Binde um den Leib und Korallenschnüren um Hals und Handgelenken, auf ihrem Knie sitzt und zum Beschauer gewandt die Finger zum Zeichen des Segens stellt. Dem Throne zunächst steht links der heilige Franciscus mit dem nämlichen Gestus gerührten Staunens, wie in Cagli, rechts der heilige Hieronymus, ein Buch auf die Lehne stützend, mit der Feder in der Hand. Voran als Hauptfiguren, die beiden Nebenmänner bis auf ein Drittel verdeckend, links S. Johannes der Täufer, auf Christus hinweisend, während er den Stab mit dem Schriftband auf den Sockel des Thrones setzt, eine Gestalt, die dem Schmerzensmann in Cagli ganz nahe kommt; — gegenüber S. Sebastian, die Hände auf dem Rücken an einen Pfahl gebunden, bis auf das Lendentuch völlig nackt, ein robuster Jüngling, unmittelbar nach dem Modell gegeben, nur von ein paar Pfeilen durchbohrt. Es ist ein prächtiger Kerl, dessen grofser Kopf mit langem Haar, mit den runden Augen aufwärts blickend, also etwas in Untersicht gezeichnet, ganz im Sinne Melozzos wirken würde, wenn nicht die derbe, etwas bäurische Schönheit fast noch mehr in der roheren Form Antonellos von Messina vorgetragen wäre. Ebenso hart und rücksichtslos verfährt der Maler mit Bildnissen der Stifter, die vor Sebastian knieen: Gaspar Buffi mit seiner Frau und einem dreijährigen Töchterlein vor ihnen, die alle mit gefalteten Händen auf das Christkind blicken. Gerade in der Durchmodellierung des nackten Jünglingskörpers und der schlichten Wahrhaftigkeit dieser Porträts, die getrost neben einander bestehen können, weil sie beide — gleichgültig, ob Heilige oder Menschen — nichts als Abbild der Natur sein wollen, in der plastischen Rundung und überzeugenden Realität aller Personen bekundet sich die angestrengte Arbeit des Meisters, der redlich mit seinen Mitteln nach der Wiedergabe des Wirklichen gerungen hat.

Nun aber geht er über den bisherigen Rahmen hinaus und versucht das Reich des Übersinnlichen mit den nämlichen Mitteln zu erobern. Über dem Thron der Madonna erscheint in kreisförmiger Glorie die Halbfigur des segnenden Gottvater, d. h. der langbärtige alte Mann, den wir als Hieronymus in Cagli gesehen, mit einer Kugel in der Hand, und zwar in übermenschlicher Gröfse, in derselben wuchtigen Leibhaftigkeit, wie alle Anderen drunten. Er wirkt statt grofsartig brutal, erdrückend durch seine Schwere, die der luftigen Umrahmung spottet. Auch die Cherubköpfe ringsum sind voll ausgerundete Pausbäckchen, die in mannigfaltiger Ansicht und Verkürzung an dem Farbenringe kleben. Nur einer von ihnen hat sich losgelöst und sinkt voran, auf das sehr verwandte Jesusknäblein herabblickend. Nur die beiden gröfseren Engel, die links und rechts auf Wolkenstreifen stehen und an Fäden eine Krone über dem Haupte Marias halten, haben einen Anflug idealeren Wesens. Sie sind die einzigen Bestandteile, die den Gedanken an eine spätere Entstehungszeit des Bildes motivieren könnten, weil man überrascht ist, hier Erscheinungen zu sehen, die uns so westumbrisch anmuten, als könnten sie nur von perusischen Meistern stammen. In der That kommen sie etwa gleichzeitig auf Pinturicchio's Glorie in S. M. Aracoeli zu Rom vor, so ähnlich bis hinein in die Draperie und deren Wellengekräusel, dafs wohl beiden ein gemeinsames Vorbild zu Grunde liegen mufs, das beidemal nicht eben vorteilhaft wiedergegeben wurde. Bei dem zierlichen Perusier erscheinen sie zu puppenhaft, aber doch ätherischer. Hier bei dem biederen Santi ist das Bemühen deutlich, die schwebende Bewegung der Himmelsboten zu versinnlichen: mit einem Fufs auftretend, heben sie das andere Bein rückwärts empor, halb laufend, halb balanzierend, und die tiefgefurchten Gewänder aus weichem Stoff schlängeln ihre Falten seitwärts, wie vom Lufthauch getrieben.[1])

Wie die ganze Zusammenstellung der Körper im Raum, ihr Mafsstab und ihre Formgebung die Herkunft Giovanni's fast ausschliefslich auf Melozzo da Forli beschränken, so gewährt auch die scharfe Beleuchtung von der linken Seite, mit ihren Schlagschatten, und besonders die Reihe der Farben eine frappante Analogie mit den Bestrebungen des Meisters, so dafs gerade dieses Gemälde in seinem emsigen Schuleifer an die Erzeugnisse der Werkstatt des Forlivesen und die frühesten Arbeiten des Marco Palmezzano erinnert. Johannes der Täufer trägt carminroten Mantel

---

1) Crowe und Cavalcaselle weisen auf die Zugehörigkeit einer Zeichnung in Berlin (den Engel rechts) hin. Sie ist aber weder von Santi noch von Pinturicchio. Über die Vorbilder zu jenen Engeln in Aracoeli, die wir auf Melozzo's römischen Fresken zu suchen haben, vgl. m. Bern. Pinturicchio in Rom, Stuttgart 1882 p. 18.

mit grüner Innenseite über dem braungrauen Fellkleid, Franciscus die graue Mönchskutte seines Ordens, aber der Engel über ihm eine gelbgrün schillernde Tunika mit silbergrauen Ärmeln. Sein Genosse auf der rechten Seite erscheint in rosarotem Kleide mit gelbgrünen Ärmeln, darunter Hieronymus im Kardinalspurpur, als Folie für den nackten Leib Sebastians, dessen hellrosige Karnation noch durch die dunkle Tracht der Stifter gehoben wird. Die Frau trägt tiefes Violett, der Mann einen schwarzen Mantel über dem satten Karminrot des Rockes, und grüne Kehrseiten führen auf das dunkelgrüne Kleidchen des Kindes hin. Maria bildet in gewohntem, blaugrünem Überwurf mit grünem Futter über karminrotem Gewande mit gelbrotem Ärmel die Mitte, wie droben Gottvater, der in lackrotem Rock mit violettem, grüngefüttertem Mantel auf Goldgrund aus dem regenbogenfarbigen Ring im blauen Himmel herausschaut. Alle diese prächtigen Tinten leuchten in ungebrochener Kraft und wirkten einst an dem ursprünglichen Standort in dämmeriger Kirche sicher viel harmonischer als heute in der hellen Galerie des Istituto nach mancherlei Abreibung und Retouche.[1])

An die schnellfertige Wandmalerei der Grabnische zu Cagli und die sorgfältig durchgearbeitete Altartafel der Buffi in Urbino schliefst sich dem ganzen Charakter nach das Kirchenbild in Berlin (Nr. 139[2]) an, das ursprünglich für die Familie Matarozzi in Casteldurante (Urbania) gemalt worden: eine thronende Madonna mit vier Heiligen und dem Porträt des knieenden Stifters links. S. Thomas von Aquino, mit Buch und Kirchenmodell in der Hand, S. Thomas der Apostel ihm gegenüber, mit einem Fähnlein an langer Stange, und vollends der alte Antonius Abbas mit dem Krückstock und dem Glöcklein sind lauter Erscheinungen, wie die soeben auf den andern Gemälden betrachteten. Ein feister Dominikanermönch, ein ehrwürdiger Einsiedler mit langem, grauem Bart, wie Hieronymus

---

1) Allzu eingreifende Restauration hat das Bild von mannichfaltigen Schäden befreit. Besonders störend ist eine häfsliche Übermalung am Auge der Madonna. Der Zettel am Fufs des Thrones ist seiner Inschrift beraubt.

2) Vgl. Meyer und Bode, Beschreibendes Verzeichnis der Gemälde. Berlin 1883, p. 411. Auf dem Buche des Apostels steht S. TOMAS APOSTOLVS, auf dem des Mönches S. TOMAS DE AQVINO. Der dritte Heilige ist auch der Tracht wegen nicht S. Hieronymus sondern Antonius Abbas. Das Fähnlein hat die Farben Federigos von Urbino, der junge (Tommaso) Matarozzi war also wohl Söldnerführer unter dem Montefeltre. Photogr. von der Photographischen Gesellschaft, 309.

in Cagli, ein christusähnlicher Apostel, der wie ein Bruder Johannes des Täufers in Urbino aussieht, treten vollkräftig vor uns hin. Links erscheint noch ein zarter Frauenkopf mit aschblondem Haar und feinem Profil als heilige Katharina, die etwas schläfrigen Blickes auf die Madonna schaut. Diese letztere gleicht wieder der königlichen Himmelsbraut wie eine Schwester, d. h. sie ist viel anmutiger als jene Schutzpatronin, zu der Frau Buffi gesessen. Aber auch hier sitzt sie auf einem sechseckigen Podium, ganz von vorn gesehen und hält mit beiden Händen das nackte Kind, das sein Köpfchen an ihre Wange lehnt. Sittig angethan mit dem blaugrauen, grüngefütterten Mantel, der über Haupt und Brust und Knie fällt, blickt sie gerade heraus. In dem länglichen Oval ihres Antlitzes' mit grofser Stirn, edel geschnittener, doch nicht kleiner Nase und feinem Mündchen, lernen wir einen Lieblingstypus Santis kennen, dem er lange treu bleibt, wollen aber nicht die Vermutung aussprechen, dafs es sein junges Weib, Magia Ciarla sei, die ihm 1483 seinen Erstling, Raphael gebar.[1]) Er hat einen prächtigen Brokatstoff hinter ihr aufgehängt, den zwei Cherubköpfchen an einer Stange auf ihren Flügeln tragen. Das Beste am Ganzen bleibt aber trotzdem die Bildnisfigur, die wieder vollkommen in Melozzos Weise aufgefafst und behandelt, die realistische Treue des Quattrocentisten bewundern lehrt. So hatte Piero de' Franceschi schon 1451 Sigismondo Malatesta in Rimini vor seinem Namensheiligen gemalt, so zwanzig Jahre später Federigo Montefeltre am Thron der Madonna droben in Urbino selbst, in der Klosterkirche S. Bernardin, wo der alternde Feldherr seine junge Gemahlin bestattete. So zeigte auch Melozzo die knieenden Verehrer vor den allegorisch aufgeputzten Prinzessinnen im Schlofs, oder in Rom den Präfekten der Vaticana vor Sixtus IV. So betet hier der junge Tommaso (?) Matarozzi, in scharfem Profil sichtbar, und darf sich in seinem roten pelzgefütter-

---

1) Pungileoni giebt in seinem Stammbaum der Familie die Reihenfolge der Kinder Giovannis ganz willkürlich an. Den Ausdrücken des Kirchenbuches „Entroito et esito 1485 sino al 96" ist garnicht zu entnehmen, dafs Raphael das dritte Kind gewesen. Es heifst dort nur bei Eintragung einer Gabe Wachs(kerzen) pag 6 verso: a di 20 di Settembre (1485) per la morte d'uno figliolo de Gio. de Sante, . . ." und pag. 35 verso: a di 25 ditto (Ottobre 1491) intrò lib. 3½ de cera per la morte de la figliola de Giouan de Sante," und zwar so unmittelbar nach dem Tode der Mutter, Magia Ciarla, dafs man annehmen mufs, diese sei an der Geburt gestorben. Also ist die Reihe der Kinder erster Ehe: 1) Raphael, geb. 1483, gest. 1520, 2) ein Knabe, gest. 1485, 20. Sept. 3) ein Mädchen, gest. 1491, 25. Okt. (beide letzteren nicht lebensfähig).

ten Rock fast den Porträtgestalten eines Girolamo Riario und Giovanni della Rovere auf jenem Fresco Melozzos vergleichen. Nach Rom weist auch die mannichfaltige Art des Faltenwurfes, der Versuch, die verschiedenen Stoffe darzustellen, ganz besonders auffallend aber die Figur des Apostels Thomas. Da ist freilich von dem Forlivesen nicht gar viel zu spüren, sondern die Statuen des Paolo Romano oder des Andrea Bregno haben den spiefsbürgerlichen Charakter bis auf die stereotype Haltung und die klassicirende Gewandung bestimmt. Und wenn wir auch hier schon an die Heiligen des Fiorenzo di Lorenzo am Hochaltar der Lateransbasilika erinnert werden, so sind es eben gemeinsame römische Vorbilder, die den Erzeugnissen des westumbrischen, wie des ost·umbrischen Malers zu Grunde liegen, weil sie beide um die selbe Zeit in der ewigen Stadt gelebt. Als Ganzes betrachtet, gehört das Berliner Bild keineswegs zu den erfreulichsten des Meisters und ist in seiner Unvollkommenheit nicht eben geeignet eine richtige Vorstellung vom Vater Raphaels zu bilden.[1])

Dagegen haben wir aus dem Jahre 1484 die schöne Tafel in Gradara, jener zinnenbekrönten Veste unweit La Cattolica, die auf dem Wege nach Pesaro auf das hügelige Küstenland zwischen den feltrischen Bergen und dem Adriameer herniederschaut. Die Burgkapelle droben birgt eines der reinsten Altarwerke aus glasiertem Ton, die Andrea della Robbia geliefert, und in der kleinen Pfarrkirche des Örtchens selbst, Sta Sofia, hängt, leider zu hoch, um richtig zu wirken, das lange Zeit verwahrloste und dann wieder

---

1) Das kleine Madonnenbild der Berliner Galerie Nr. 140 hat keinen Anspruch auf den Namen Giovanni Santi, sondern höchstens den eines Ateliergehülfen, wie Evangelista da Pian de Meleto. In diese Zeit gehört auch das Altarbild des Oratoriums im Spital von Montefiore, einem Burgfleckchen zwischen Urbino und La Cattolica, an den Abhängen des Gebirgs gegen den Küstenstrich gelegen. Es stellt eine Madonna della Misericordia dar, deren weiter Mantel, von zwei Engeln gehalten, acht Angehörige der Brüderschaft überschattet, links vier Männer, rechts drei Männer und eine Frau, die ihr Kind zum Gebet anhält. Die Madonna steht wieder in reich verzierter Thronnische und trägt das Christuskind, das, eine Weltkugel in der Linken, mit der Rechten den Segen erteilt. Zu den Seiten stehen links Paulus und Johannes, der Evangelist, rechts Franziskus mit kleinem Kreuz und Sebastian, von Pfeilen durchbohrt, während oben in den Ecken zwei Engelchen, auf Wolken knieend, eine Blume in der Hand halten, Namen und Wappen des Ortes bedeutend. Das Werk ist so beschädigt und übermalt, dafs es keine nähere Berücksichtigung verdient. Durchzeichnungen im Kupferstichkabinet zu Berlin.

restaurierte Bild, dessen ganz verschossene Farben zunächst einen traurigen Eindruck machen.¹) Es war natürlich bestimmt, unmittelbar auf dem Altar aufzusetzen und hat deshalb in Rücksicht auf die Leuchter, das Crucifix und was sonst davorstand, unter den Füfsen der Gestalten einen gleichsam neutralen Streifen, der nur schroff abfallendes Erdreich mit grünem Rasen und sorgfältig ausgeführten Blumen darstellt. Darüber erst steht ein rechteckiges Podium für den Thron der Madonna, hinter dem zwei Cherubim an einer Stange den Vorhang tragen, während darüber in der Mitte noch ein drittes Flügelköpfchen herabblickt. Die Muttergottes unterscheidet sich nur wenig von den früher betrachteten Santis. Das längliche Oval des Antlitzes vereinigt wieder die runde glatte Stirn mit den feinen hochgeschwungenen Brauen, die tiefhängenden Augenlider, die gerade Nase mit dem kleinen Mündchen und dem spitzen Kinn der Madonna Matarozzi. Sie schaut auf das Kind in ihrem Schoofs, das sie mit der Linken an der Schulter stützt. Der wohlgebildete Kleine greift mit dem einen Händchen nach ihrer Rechten, die sie grade vor der Brust ausstreckt, und hält mit der andern, vergnügt nach Aufsen blickend, ein gefangenes Vöglein fest. Links und rechts am Throne stehen zunächst S. Sophia, die Patronin des Burgfleckens, mit dem Modell von Gradara in der Hand, nonnenhaft gekleidet, und der Schützer der Vesten, S. Michael, ein mädchenhafter Jüngling, mit blondgelockten, in der Mitte gescheitelten Haaren und einem feingeschnittenen Gesicht, das ganz unverkennbar auf Melozzos zarteren Engeltypus in der Cappella del Tesoro zu Loreto zurückgeht. Er trägt ein langes silbergraues Atlaskleid, goldenen Schuppenharnisch mit grofsen Edelsteinen in dem Zierrat, einen ausgeschweiften Schild am Arm, und erhebt in der Rechten das Schwert. Neben ihm tritt Johannes der Täufer vor, der, mit Rohrkreuz und Schriftband in der Linken, mit der ausgestreckten Rechten auf Christus weist. Auch er ist bei weitem schlanker und ·geschmeidiger als auf der Altartafel der Buffi in Urbino und bezeichnet den Fortschritt zu durchgeistigtem Ausdruck, der in den andern Personen noch gebunden erscheint, durch das gegebene Motiv am deutlichsten, besonders im Gegensatz zum Protomartyr S. Stephanus, der auf der linken Seite mit Buch und Palme, sich ängstlich gerade hält; man möchte sagen, als fürchte

---

1) Photographie von Alinari. 878.

er, die Steine auf dem Kopf, sein herkömmliches Abzeichen, könnten herunterpurzeln. Sonst sind die einfach frommen Züge des jungen Geistlichen die nur allzuviel Familienähnlichkeit mit denen Sophias und Marias haben, sorgfältig durchmodelliert und sein dunkelgrünes Diakonengewand mit reichem Besatz von Goldbrokat dürfte als wahres Prachtstück gewissenhafter Stoffmalerei den Neid eines Francesco Francia erwecken. Schauen wir noch zwischen den Felsen links und rechts auf die Landschaft im Hintergrunde, mit ihren Hügeln nah und fern, wo nur der Luftschimmer noch fehlt, so werden wir auch hier wieder an die besten Leistungen eines Antoniasso Romano[1]) und Marco Palmezzano gemahnt, die gleich diesen Arbeiten Santis auf dem Vorbild eines Meisters beruhen, mit dem wir sie allesamt zu Rom in Gemeinschaft denken müssen, so lange die notwendige Voraussetzung für diese Zusammengehörigkeit nicht fehlen soll. Bei allen Dreien kommen aber zu Melozzos Lehre noch Berührungen unter sich hinzu, die nur in Rom stattgefunden haben können, weil sie mit römischen Anregungen ganz lokaler Art verquickt sind.[2])

Am Sockel des Thrones belehrt uns die Inschrift über Stifter, Entstehungszeit und Autor des Werkes:

GRADARIE SPECTADA FVIT IMPENSA ET IDVSTRIA
VIRI D. DOMINICI DE DOMINICIS VICARII ANNO D
MCCCCLXXXIIII DIE. X. APRILIS ET PER DVOS PRIVS.
TEMPORE IO. CANO. PI. RECTORIS ECCLIE S. SVPHIE.

IOANNES. SAN. VRB. PINXIT.

Das Bild ist also vollendet, als des Malers Söhnchen Raphael eben jährig wurde, und diese Heiligen haben an seiner Wiege gestanden. Es ist das erste Beispiel von Santis eigenster Kunstweise, die er nun in sich geklärt und beruhigt weiter übt. Augenscheinlich genug reiht sich ein anderes Werkchen in Urbino an, das ursprünglich für die Nonnen von Sta. Chiara gemalt ward: eine kleine, oben zugespitzte Tafel des Istituto di Belle Arti, mit den Halbfiguren des

---

[1] Beim Stephanus wäre besonders an das Altarbild Antoniassos im Dom von Capua (1489) zu erinnern, wo allerdings der Einfluß des Perugino und Ghirlandajo fühlbar ist.

[2] Wegen dieser Elemente bei Antoniasso vgl. m. Melozzo, S. 206 u. 371, für Palmezzano daselbst, S. 280 ff.

toten Christus und der trauernden Mutter.[1]) Der nackte blutbetropfte Oberkörper des Schmerzensmannes nimmt den gröfseren Teil der Fläche ein. Die Arme sind über dem Leib gekreuzt, das dorngekrönte Haupt neigt sich gegen das Marias, die in nonnenhafter Tracht, wie die Klosterfrauen, die es bestellten, von links herzugetreten, den Leichnam umfafst, indem sie die Linke um Rücken und Schulter, die Rechte flach auf seine Brust legt. In ruhigem Ernst und doch voll Liebe blickt sie in das Antlitz des Sohnes, dessen leidende Züge im erlösenden Tod friedlich geglättet sind. Wären nicht die Hände allzu steif und ihre gelenklosen Finger gar unlebendig gezeichnet, wäre nicht hier und da die Modellierung durch Abreiben verwischt, und von den Küssen der Nonnen ein häfslicher Fleck um das Wundmal auf der Rechten Christi geblieben, so müfste das Bild noch heute wie ehemals eine ergreifende Wirkung üben. Der Christustypus ist noch immer dem in der Grabnische zu Cagli von 1481 und dem Johannes des Buffi-Altares verwandt, aber unläugbar hat auch die germanische Auffassung des Justus von Gent, dessen Abendmahl in der Bruderschaftskirche Corpus Domini hieng, auf die Darstellung Santis Einflufs gewonnen. Scheint doch das Christusbildchen im Istituto, das als Studie des Niederländers zu seinem eigenen Abendmahlspender gilt, vielmehr wie eine Kopie nach dem flandrischen Gemälde von Santis Hand. Jedenfalls aber ist der Zuwachs an tiefinnerlicher Empfindung in seinem Ecce homo ein Wahrzeichen, das den Durchbruch des eigenen Naturells bekundet.

In den ersten Jahren nach dem Tode des Herzogs Federigo mufs auch das Bildnis des jungen Guidobaldo entstanden sein, das sich jetzt in Rom in der Gallerie Colonna befindet[2]). In scharfem Profil nach links gewendet erscheint der fürstliche Knabe, etwa zwölfjährig, fast in halber Figur. Über dem prächtigen dunkelroten Rock liegt eine goldene Halskette auf der Brust, wie sie auch Giovanni della Rovere und Girolamo Riario auf dem Fresco Melozzos in Rom tragen, und ein Edelstein mit einer Perle daran schmückt den Rand des kleinen scharlachroten Käppchens, das wirksam gegen das helle Blond der Haare absticht. Diese fallen voll und schlicht bis auf die Augenbrauen ins Gesicht und auf den Nacken herunter.

---
1) Photographie von Alinari, 814.
2) Das Bild wurde, wie Pungileoni S. 44 erzählt, von einem Herrn Vincenzo Piccini in Urbania erworben. Photogr. Alinari 7376.

Die scharfgeschnittenen Züge und das schwer hängende Auge mit dem müden, beinahe schmachtenden Blick zeigen die gröfste Ähnlichkeit mit seiner Mutter Battista Sforza, deren Marmorbüste im Museo Nazionale zu Florenz fast aussieht, als sei sie nach der Totenmaske gemeisselt. Das Bildchen ist sorgfältiger und feiner ausgeführt als das Portrait des Matarozzi, trägt aber unverkennbar die Merkmale der zähflüfsigen Farben und der strengen Zeichnung Santis, durchwärmt von seiner Empfindung[1]).

Wie nach Casteldurante am Lauf des Metaurus und nach Gradara drunten nicht weit vom Thal der Foglia, so fand des Meisters Kunst auch ihren Weg auf der anderen Seite zum Meere, über Fossombrone nach Fano. In dem Kirchlein des Hospitals von Sta Croce sehen wir noch an seinem alten Standort, nur angegriffen von dem Dunst des nahen Hafens, „ein tadelloses Werk" Giovannis, wie es Mündler nennt. Es gehört zu den würdevollsten und liebenswürdigsten Äufserungen der in dieser Gegend heimischen Weise und mutet uns eigenartig an, wie ein Frühlingshauch würziger Gebirgsluft drunten am Strande, wo sonst der scharfe Seewind weht und der blendende Sonnenschein der Adria in vollen Strömen hereinflutet. Hier spricht schon die innige Gemütstiefe, die droben in den urbinatischen Thälern zu Hause ist, d. h. die eigene Poesie aus den Gestalten, die der Maler schlicht und einfach wie sonst vor uns hinstellt. Und doch, wie entfaltet sich auch hier noch alles aus dem Vorhandenen, das wir bis dahin beobachtet, so still und anspruchslos! Die Madonna erscheint auf ihrem sechseckigen Podium fast genau in der nämlichen Haltung wie vor der Familie Buffi, nur mit dem Vorhang, den Cherubköpfchen tragen, und bei aller Übereinstimmung doch freier, vorgeschrittener. Die Modellierung ist weicher, die Gewandung lebendiger, dem Kinde ein Blümchen in die Hand gegeben[2]), und der Ausdruck stimmungsvoller. Dem

---

1) Andere Bildnisse, die Crowe und Cavalcaselle, III, p. 375 mit diesem zusammen erwähnen, kenne ich nicht aus eigener Anschauung. Das früher im Besitz Dennistouns befindliche Knabenportrait mit der gefälschten Unterschrift „Rafaello Sanzi d Anni fei nato il d: 6. Apr. 1483 Sanzi Padre dipinse" scheint dem besprochenen Bildnifs Guidobaldos sehr verwandt, soweit sich aus dem Stich von Ceroni bei Dennistoun Memoirs of the Dukes of Urbino, II, Taf. XII, ersehen läfst.

2) Es sitzt aber nicht „verschleiert auf dem Kniee" der Mutter, wie bei Crowe und Cavalcaselle D. A. III, 364 angegeben wird, sondern hat nur das weiche Gängelband um Leib und Schulter geschlagen, wie im Bilde der Buffi. Photographie von Alinari 704, Umrifsstich bei Passavant D. A. III. B. 2.

entsprechend sind auch die Heiligen geschlossener im Halbkreis geordnet und durch die Einheit des Gefühls zusammengehalten, fast schon wie eine heilige Konversation. Die ernste Kaiserin Helena, mit dem Kreuz im Arm und einem Nagel in der Rechten, und der ehrwürdige Bischof von Jerusalem, Makarius, neben ihr sind in stummer Andacht doch wirklich in sprechende Beziehung gesetzt. Der weifsbärtige Alte blickt mit einem Ausdruck der weit über Hieronymus oder Antonius Abbas, wie wir ihn bisher gesehen, hinausgeht, verständnifsinnig auf die Gebieterin, die in vornehmer Hoheit doch mit frommer Verehrung nur auf den Christusknaben niederschaut. Sie trägt einen Schleier und die Tiara darauf, ganz ähnlich wie bei Piero de' Franceschi auf den Fresken in Arezzo, wo sie beim Kreuzeswunder betet. Die Drapierung ihres Mantels ist bereits so kunstgerecht, dafs wir nur an Fiorenzo di Lorenzo erinnern können, wie an die liebliche Verkündigung Antoniassos, die im Lateran noch immer unter Francias Namen hängt. Die nackte Jünglingsgestalt des heiligen Sebastian, der, dem Throne drüben zunächst, durch S. Rochus gedeckt wird, atmet echte ostumbrische Empfindung. Der schöne Kopf mit dem üppig gelockten Haar neigt sich in Wehmut mehr als in Schmerz zur Seite, und das brechende Auge kontrastiert ergreifend mit der Jugendfülle seiner Wangen. Dagegen vermag uns Rochus, der Spitaltröster, nur durch den Ausdruck zu entschädigen, wenn er, in Kittel und Beinkleid, Stiefeln und Reisemantel, mit der Rechten nur die Gebärde der Madonna nach unten wiederholt und mit der Linken auf die Pestbeule an seinem Schenkel zeigt. Er ist von körperlicher Krankheit um die Daseinsfreude gebracht, und der merkwürdig klare Glanz der Augen, der fast weinerliche Zug um die Lippen erzählt uns, weshalb er den Pilgerhut auf das braune Haar gedrückt und den Wanderstab in die Hand genommen. Diesem Anflug sentimentalen Wesens aber lacht der blaue Himmel mit seinen weifsen Wölkchen, die Landschaft mit der schimmernden Fläche des Meeres freundlich genug entgegen, so dafs wir einen harmonischen Eindruck durchgeistigter Schönheit mit hinwegnehmen.

Die Tafel ist am Rande des Podiums mit der Inschrift JOHANES SANTIS VRBI. P. bezeichnet und in dem nämlichen pastosen Ölfarbenauftrag behandelt, den wir aus Urbino und Gradara hinlänglich kennen: nur ist der Gesamtton durch die Einflüsse der Witterung etwas trüber geworden. Ganz die gleiche gesättigte und glänzende Farbe zeigt auch ein kleines Bildchen, das auf Umwegen in die Nationalgallerie zu London gekommen ist: eine Madonna mit dem Kinde[1]) in so lebensfrischer Wahrheitsliebe, dafs man völlig niederländische Anwandlungen darin erkennen mochte. — Hinter einer steinernen Brüstung steht Maria, in Halbfigur sichtbar, und schaut auf das schlafende Kind, das sie mit beiden Händen fassend unterm Kopf und am Beinchen halten mufs. Sie hat ein Ende ihres roten Gewandes auf die grauweifse Deckplatte der Brustwehr gebreitet und sucht den Kleinen darauf zu betten. Es ist ein kräftiges Knäblein mit rundem Kopf und etwas aufgetriebenem Leib, getreulich nach dem Leben gemalt, soweit der Maler eben sah und seine Mittel reichten. Das rechte Ärmchen sinkt willenlos auf die Unterlage, während die linke Hand auf dem Schenkel ruht. Die Mutter trägt auch hier das karminrote Kleid, und hat den dunkelblauen Mantel, dessen grüne Innenseite überall am Rande hervorsieht, auch über den Hinterkopf geschlagen, den sonst schon ein Schleiertuch häubchenartig verhüllt. Ihr Antlitz zeigt durchaus den nämlichen Typus wie die Madonna Buffi, die von Gradara und von Fano, während das Kind ebenso vollständig den bisher betrachteten entspricht, so dafs schon diese beiden Hauptstücke Santis Autorschaft hinreichend beglaubigen. Bezeichnend ist, dafs beide Köpfe in Dreiviertelansicht gegeben sind, nur der eine nach links, der andere nach rechts gewendet; bei beiden sind die Lippen ein wenig geöffnet, beim Kinde im Schlaf, bei der Mutter im sorglichen Eifer des Augenblicks; die Hand der Madonna zeigt die volle fleischige Form mit den gleichartigen Fingern, deren Gelenke durch keine Hautfalte markiert werden, während doch die Phalanx der Knöchel am Metacarpium deutlich hervortritt. Das Kind hat das beliebte Korallenschnürchen Santis um den Hals und das rote Kreuz im Nimbus, das er stets bei Christus anwendet, dem Beispiel Melozzos treu. Marias Überwurf endlich wird von einer Brosche zusammengehalten, deren sorgfältige Goldschmiede-Arbeit uns an den des Meisters Vers erinnert:

„Chi sarà quel che possa el chiar colore
Lucido e trasparente de un rubino
Contrafar mai o el suo vago splendore!"

---

[1] No. 751.

Er hat es versucht, das Feuer des Edelsteines zu geben. Er vollendet auch die übrige Ausstattung seines Bildes mit sichtlichem Vergnügen. Hinter der züchtigen Matrone öffnet sich ein Fenster, dessen schwere Vorhänge mit grüner Kehrseite links und rechts abgebunden sind, während in der Mitte ein Stück noch prächtigeren rot- und goldenen Brokatstoffes herabhängt. Zu beiden Seiten blickt man in weite Landschaft hinaus, deren felsige Hügel vorn in lachendem Grün, in der Ferne bläulich, ja weiſs schimmern, wie schneebedeckt. Es ist ein wunderhübsches Beispiel der streng realistischen und doch poetisch empfindenden Richtung, die von Piero de' Franceschi herkommend, gerade in dieser groſs zugeschnittenen und farbenfrischen Weise doch nur von Melozzo auf Santi übertragen sein kann. Kein schriftliches Dokument vermöchte den Zusammenhang mit ihm so anschaulich festzustellen, wie dieses kleine Gemälde, das uns seinerseits wieder vorausblicken läſst auf den siegreichen Durchbruch des Realismus in Raphaels florentinischen Madonnen. Keine Spur dagegen von der perusischen Sentimentalität des Pietro Vanucci!

Während dieses Madonnenbild für häusliche Andacht auch mit ausgeführter Kleinarbeit vollendet ward, haben wir daneben auch ein Fresko zu verzeichnen, das den Altarwerken in Gradara und Fano so nahe verwandt ist, daſs wir nicht zögern, seine Entstehung um dieselbe Zeit anzusetzen. Das kleine Wandgemälde befindet sich, bis dahin unbekannt, in Urbino, wo ich es bei meinem ersten Aufenthalt als Santis Eigentum erkannte.[1]) In dem kleinen Kirchlein Sta Croce, gegenüber dem Klarissenkloster, sieht man unmittelbar bei der zum Altar führenden Stufe rechts an der Mauer in einem später aufgesetzten Holzrahmen die Halbfigur des heiligen Sebastian, etwa 68 cm. hoch und 45 cm. breit.[2])

Dieser jugendliche Heilige gehört zu jenen Knaben, Engeln und Jünglingen, in denen Melozzo da Forli und sein treuer Schüler Santi so gern ihr Schönheitsideal verwirklichen. Der Kopf mit der dichten Fülle blonder Locken, die vorn an der Stirn gerade geschnitten sind, ist leise nach links geneigt. Das nach unten

---

[1]) Ich hatte damals einen Aufsatz über Santi, der besonders die Fresken in Cagli und dieses in Urbino behandelte, an die Lützowsche Zeitschrift geschickt, da der Abdruck jedoch zu lange dauerte, zog ich ihn wieder zurück.

[2]) Wir geben eine Abbildung nach einer Pause; das Original geht bis an den Schurz.

zugespitzte Oval mit der schmalen geraden Nase, der kleine Mund mit zart geschwungener Oberlippe zeigen, dafs Giovanni seine Lieblingsmodelle gern wiederholt. Wir sahen diesen mädchenhaften Jüngling ganz ähnlich in Gradara als Erzengel Michael und werden ihm unter den gröfseren Seraphim seiner Altarwerke noch wieder begegnen. Die blauen Augen scheinen wie von Thränen glänzend, und der Schmerz zittert durch die nackten Glieder: ist dem schönen Knaben doch eins der tötlichen Geschosse mitten in die Stirn gedrungen, ein anderes gerade in den Hals, und durchbohren doch aufserdem acht von den langen Pfeilen noch Schultern, Arme und Leib. Das von links einfallende Licht wirft seine Schlagschatten auf die rosige Hautfläche, genau so wirklichkeitsgetreu wie in den Darstellungen desselben Heiligen in Fano und in S. Francesco von Urbino. Aber während der Sebastian des Buffialtares ein robuster Kerl war, dem die Schufswunden nichts ausmachen, und noch in Sta Croce zu Fano das perspektivische Problem, die Gesichtsverkürzung des aufwärts gewandten Kopfes das Hauptinteresse des Malers absorbiert, bildet hier der Ausdruck schmerzlicher Empfindung in dem geneigten, voll uns zugewendeten Antlitz die bevorzugte Aufgabe, und der seelische Inhalt verleiht diesem unbeachteten Werke des Urbinaten, das auch als fast vereinzeltes Fresko neben denen in Cagli willkommen sein mufs, seine besondere Bedeutung. Neben den herrlich gelungenen Köpfen der Helena und des Makarius in Fano erscheint dieser Sebastian von Sta Croce in Urbino als Zuwachs unserer Kenntnis von Beispielen, in denen das eigentümliche Wollen Santis rein und harmonisch sich ausspricht.

Das Einzige, wo wir den Vater Raphaels selber zu fühlen glauben, liegt eben in dem Ausdruck dieser Gefühlsinnigkeit, einer tiefen Seele, die sich ausweiten möchte zu grofsartiger Schönheit. Deshalb gehört hierher auch die Einzelgestalt des thronenden Hieronymus, ein Temperabild, das aus der Kirche S. Bartolo von Pesaro in das Museum des Laterans gekommen ist.[1]) Durch diese Versetzung nach Rom drängt es sich auf, die frühen Arbeiten Melozzos in S. Marco zu vergleichen, welche den Zusammenhang beider Maler so klar und einfach bestätigen wie kaum sonst. Auch hier sind es zwei Temperabilder mit einzelnen Figuren, der schreibende Evangelist und der thronende Papst Marcus. Ebenso

---
[1]) Photographie von Alinari, 7437.

von vorn gesehen, wie Melozzos Papst, sitzt Santis Hieronymus
auf einem prächtigen Steinsitz, dessen architektonischer Aufbau
mit kassettiertem Rundbogen über der Rücklehne und Voluten an
den Wangen sich dem reinen Geschmack des Papstthrones hier
und des Schlofsbaues in Urbino anschliefst. Der Typus des langbärtigen Greises aber, der in Kapuze und Kardinalshut das Antlitz
etwas linkshin wendet, erinnert einerseits an Johannes den Täufer
in Gradara, andererseits deutlich an den Evangelisten Marcus des
Forlivesen zu Rom, dessen Gewandung fast die nämlichen Faltenzüge aufweist wie hier. Auch Hieronymus hält ein grofses grün-
gebundenes Buch, das auf dem Schoofse geöffnet steht, so dafs
sich einzelne Blätter lösen und der Beschauer die Worte liest:
VENITE · FILI · AVDITE · ME · TIMOREM · DNI · DOCEBO ·
VOS....; auch hier ein Pergamentstreifen, der sich spiralförmig
aufrollt, neben ihm. Die ganze Behandlung dieses Buchmotives
bei dem Kirchenvater, der die Feder in der Hand hält, gleicht der
Melozzos bei den Propheten in Loreto, deren Auffassung und
Stimmung hier fühlbar nachklingt. Sonst ist der Heilige Santis
etwas schmalschulterig geraten und wirkt nicht grofs genug auf
dem mächtigen Podium, das unter freiem Himmel in hügeliger
Landschaft steht. Vorn zur Seite wird der Löwe sichtbar, der
ein genau so konventionelles Gesicht hat,[1]) wie in Raphaels Skizzen-
buch zu Venedig. Oben in der Luft schweben zwei reizende
Cherubköpfchen, wie in Fano, und zwei gröfsere Engel in Halbfigur schauen aus den Wolken, der eine mit verschlungenen, der
andere mit gekreuzten Armen gegen einander über, — so anmutige
Gebilde, dafs sie bereits mit ihren Gefährten zu Cagli und Montefiorentino in eine Reihe gehören. Aus den hellgrünen Matten des
Erdbodens ringsum steigen schroffe Felsen auf, zwischen denen
sich Ausblicke in nahe Thäler aufthun. Vor einer Höhle sehen
wir in kleinem Mafsstab den alten Hieronymus als Büfser vor dem
Kreuze knieen, wie er die Brust mit einem Steine schlägt. Es ist
ein Bild von rührender Schlichtheit, das die saubere Sorgfalt der
Zeichnung, die fleifsige Durchführung aller Einzelheiten, welche in
der hellgrauen Temperatönung nicht viel malerische Pracht ent-

---

[1]) Der Löwe ist vom Restaurator übergangen worden. Das Ganze hat natürlich
durch Abreibung, vielleicht Aufrollen der feinen Leinwand gelitten. Am Podium steht
die Bezeichnung IOHANNES SANTIS DE VRBINO P.

falten können, doch mit einer milden Harmonie von grüner Erde, rotem Gewande und blauem Himmel zu vereinen sucht.

Auch dieses Beispiel steht nicht so vereinzelt in Giovannis Werken da, wie man bisher geglaubt. In der kleinen Pfarrkirche von Pallino, — kaum drei Miglien von Urbino, gegen das Thal der Foglia hinunter, — befindet sich ein zweites Stück in Tempera von derselben Hand. Es ist freilich nicht mit seinem Namen bezeichnet und an einigen Stellen durch Übermalung unkenntlich geworden, trägt jedoch in allen wohlerhaltenen Teilen wie in der Anordnung des Ganzen so unverkennbar das Gepräge unseres Meisters, dafs wir die kleine Zahl seiner Arbeiten um diese zweite vermehren müssen. Das Bild stellt die einzelne Gestalt des beato Vincenzo Ferreri dar; er steht in der Tracht des Dominikaner-Ordens vor einer weiträumigen Chorapsis römischer Architektur, deren Fufsboden mit Marmorfliesen getäfelt ist, während seitlich zwei Thüren die Gewandtheit in perspektivischer Raumkonstruktion noch überraschender zeigen, gerade wie dies auf den Ölgemälden der Bibliothek im Schlosse des Herzogs geschehen war. Der mahnende Prediger hält in der Linken ein offenes Buch mit dem Text: „TIMETE DEVM ET DATE ILLI HONOREM ET GLORIAM | QVIA HORA VENIET EIVS IVDICII IAM PRO...", mit der Rechten weist er empor, wo wir in einer regenbogenfarbenen Glorie die Halbfigur des Weltenrichters und zwei Engel mit Posaunen erblicken. Die würdige Gestalt mit dem regelmäfsigen und grofsen Faltenwurfe der Ordenstracht, mit dem durchgeistigten Antlitz voll ernsten Ausdruckes entspricht ganz der Auffassung und Behandlungsweise, die wir kennen gelernt und fortan wieder finden. Sie geht weit hinaus über die feiste Mönchsfigur des Thomas von Aquino auf dem Berliner Bilde und reiht sich den gelungensten Charakteren dieser Art an, die wir von Giovanni Santi besitzen. — Bei der empfindlichen Technik und der Benutzung als Standarte bei der Predigt hat es naturgemäfs stark gelitten; um es der Kirche zu bewahren, ist es auf einen Holzrahmen gezogen, beschnitten und stellenweise (an Kopf, Händen, Füfsen und Teilen der Gewandung) übermalt.[1])

---

[1]) In den beiden Ecken befinden sich Wappen mit einem stehenden Löwen, der einen Hammer schwingt, und einem Stern oben links, auf blauem Grunde; es ist also, wie man mir in Urbino antwortete, eine Stiftung der Familie Fazzini. Ich habe schon 1880 in dem Berichte „Scoperte di pitture nella chiesa di

Nach diesen Vorbereitungen erst glauben wir uns berechtigt, das grofse Wandgemälde in S. Domenico zu Cagli folgen zu lassen, das den Höhepunkt der Thätigkeit unseres Malers bezeichnet und so vollständig wie kein anderes Werk Gelegenheit bietet, den ganzen Umfang seiner künstlerischen Kraft zu ermessen.[1]) Über dem Altar befindet sich in der Wand eine flache, oben abgerundete Nische von der üblichen Form der grofsen Kirchenbilder; diese wird an den Seiten durch Pilaster eingerahmt, denen auf dem Altartisch zwei schlichte Säulen vortreten, um mit ihnen eine Bogenwölbung zu tragen. So entsteht ein schützendes Tabernakel, das oben mit einem grau in grau gemalten Fries geschmückt und mit einem Kranzgesims abgeschlossen wird. In den beiden Zwickeln der Frontonfläche werden in Medaillons die Halbfiguren des Engels Gabriel und der Annunziata sichtbar. Diese Aufsenseite ist natürlich durch Staub und andere Unbill ziemlich mitgenommen. Dagegen prangt das grofse Wandbild unter dem schützenden Baldachin selbst in erfreulicher Frische, fast völlig wohlerhalten,[2]) und zeigt an Sorgfalt, Farbenpracht und Goldschmuck allen Aufwand den ein bemittelter Patrizier des kleinen Bergstädtchens sich zu erlauben vermochte. Da das Ganze als Grabkapelle gedacht war, so fiel dem Künstler die doppelte Aufgabe zu, in dem Gemälde ein Altarwerk herkömmlicher Art, d. h. eine Madonna und Heilige herum, mit einer Auferstehung Christi zu vereinigen.

Giovanni Santi hat auch hier durch einen entscheidenden Griff seine Herkunft von Melozzo bekundet, indem er einmal die darzustellende Räumlichkeit im Sinne der echten monumentalen Kunst aus den Gegebenheiten der umrahmenden Architektur entwickelt, andrerseits seine perspektivischen Kenntnisse zu Gunsten der geforderten Vereinigung verwertet. Er schneidet nicht, wie andere Maler dieser Zeit gethan hätten, — ich erinnere nur an Peruginos ver-

---

Pallino" in der Zeitschrift „Raffaello", Jahrgang XII, Heft 2, auf das Werk aufmerksam gemacht.

1) Die Chromolithographie der Arundel Society giebt leider keinen Begriff von dem energischen Charakter der Malerei, und die Photographie von Alinari ist zu klein (No. 858) ja durch Retouchen entstellt, also beide Reproduktionen nicht ausreichend.

2) Nur die Köpfe der Madonna und des Kindes haben unter der Frömmigkeit, der es an vergoldeten Heiligenscheinen nicht genug war, zu leiden gehabt; sie tragen die Nägelmale von Kronen, Halsbändern und ähnlichen Weihgeschenken.

wandte Darstellung in S. M. Nuova zu Fano, — das niedrige Bogenfeld durch einen geraden Querstrich ab, sondern unternimmt es, vorn ein offenes Gemach für die heilige Konversation und da hinter, auf höher gelegenem Terrain, den landschaftlichen Schauplatz für die Auferstehung mit der vollen Wahrhaftigkeit eines Realisten herzurichten. So gewinnt er von dem unteren Rechteck noch ein Stück für die Lünette hinzu, damit der Mafsstab der Figuren, die darin auftreten, nicht allzu winzig ausfalle.

In der Höhe der wirklichen Pilaster zieht sich die marmorgetäfelte Wandung des rechteckigen Zimmers herum; auf dem Gesims aber ruht keine schliefsende Decke, sondern die Tempelcella bleibt hypaethral. Ja, der prächtige Aufbau des Thronsitzes, in der Mitte der Rückwand, darf seinen rundbogigen Giebel über den Mauerrand erheben. Es ist ein hübsches Dekorationsstück, mit zierlichen Pilastern, vergoldeten Anläufen und Konsolen unter dem bedachenden Gebälk, dessen Unterseite sich in farbige Kassetten gliedert, d. h. im Geschmack der Marmorarbeiten des herzoglichen Palastes von Urbino. Von der mittelsten Rosette darin hängt eine Krone herab und vom Gesims zu beiden Seiten eine schwere Guirlande aus goldenen Blätterbüscheln und Bandgeflatter. — In lebensfrischerer Schönheit als sonst sitzt die Madonna darin, auf dem sechseckigen Podium erhöht. Sie hat die matronenhafte Hülle vom Kopf heruntersinken lassen, nur ein zartes Schleiertuch schlingt sich durch das glatte Haar, das ihr rosiges Antlitz einrahmt. Der Mantel umschliefst, auf der Brust zusammengehalten, nur die Schultern und läfst zurückfallend die Arme und den Oberkörper frei, um sich erst über den Knieen wieder auszubreiten. Das Kind steht völlig nackt, nur mit einem leichten Gängelband, an dem es gehalten wird, um die Hüften, aufrecht im Schofs Marias, deren Rechte sich schützend vor seine Beinchen legt; es fafst mit der einen Hand seine Binde, mit den andern den Brustlatz der Mutter und blickt zu den Heiligen heraus. Ganz nahe dem Throne stehen zwei reizende Engelknaben, beide ganz im Sinne Melozzos; der eine neigt sich verehrend mit gefalteten Händen dem Kinde zu, ein mädchenhafter Blondkopf, der andere, ein schelmischer Bub mit kastanienbraunem Haar und grofsen dunkeln Augen schaut mit verschränkten Armen wie in ruhiger Wonne drein. Er bildet in seinem lichtgrünen, goldschimmernden Gewande einen wirksamen Gegensatz zu seinem Nachbar Franciscus, der im schlichten graubraunen Ordenskleid mit einem krystallenen Kreuzchen in der Hand, die strahlenden Wundmale seiner Ekstase zeigt, während gegenüber Thomas von Aquino in schwarz und weiſser Tracht der Dominikaner, das Sonnenbild auf der Brust, die Lilie in der Hand, in die Lektüre seines Buches vertieft ist. Neben ihm steht zu äuſserst rechts der Vorläufer des Messias im gewohnten zottigen Fell und Mantel als Buſsprediger, auf den Heiland hinweisend, ganz ähnlich wie in Gradara, nur etwas asketischer abgemagert und innerlicher erregt. An der linken Seite dagegen nimmt Petrus den vornehmsten Platz ein, mit Buch und Schlüsseln, als Apostelfürst, eine würdevolle Gestalt in ruhiger Hoheit.

Um recht deutlich zu machen, daſs die Figuren auf einer Bühne dicht über der Ebene des Altartisches stehen, hat der Maler vor dem Thron eine buntbemalte Kerze und rechts zwei gläserne Ampullen für Wein und Wasser beim Meſsopfer hingestellt, beide Requisiten in treuester Gewissenhaftigkeit, wie es die Freskotechnik irgend erlaubt. Da ferner das ganze Bild sein Hauptlicht durch das seitwärts über der Kirchenthür befindliche Fenster von links empfängt, so ist diese Beleuchtung auch in der Malerei streng durchgeführt, und das Christkind wirft einen Schlagschatten gegen den Marmorthron, Johannes ebenso gegen die Seitenwand. All diese Nachahmung der Wirklichkeit, die sich auch sonst in Santis Bildern findet, kommt hier um so unmittelbarer zur Geltung, als die Farbenfrische des Ganzen schon überraschend wirkt.

Über die marmorgetäfelten Mauern, welche die heilige Versammlung umschlieſsen, blicken wir nun hinaus auf den felsigen Vordergrund der Landschaft, in welche der Maler die Auferstehung verlegt. Die Ferne mit Thal und Höhen für den untenstehenden Beschauer perspektivisch durchzuführen ist ein Wagnis, das an Uccellos Sündflut im Kloster von S. M. Novella zu Florenz erinnert. Nur schade, die geschickte Konstruktion des eigenartigen Ausblicks wird durch die kindliche Darstellung des Grabhügels gestört, der wie ein aufgeschütteter Erdhaufen als Omphalos in der Mitte steht, mit einer rechteckigen Thüröffnung darin, aus welcher Christus soeben herausgetreten. Es sind offenbar germanische Vorbilder, die hier hereinspielen. Der Auferstandene selbst ist eine schlanke Gestalt, schmächtig, empfindsam, doch nicht so peruginesk, wie man gemeint hat. Er hat nur ein weiſses Tuch um die Hüften geschlagen, so daſs der Oberkörper nackt bleibt, das Kreuzbanner als Siegeszeichen im linken Arm und erhebt segnend die Rechte. So ähnelt er in seiner Haltung, wie schon im Typus des Modells allzusehr dem Vorläufer drunten; nur ist der Mafsstab der engeren Bühne und weiteren Entfernung gemäfs kleiner, die ganze Erscheinung allzu zierlich für einen Triumphator. Rings herum kauern sechs Wächter in mancherlei Lage, Kostüm und Alter. Die mageren Veteranen am Hügel selbst verraten trotz klassischer Rüstung wieder deutsches Gebein, während im Vordergrunde echte „fanti feltreschi," junge hübsche Kerle mit drallen Formen in der enganliegenden Tracht in kühnster Verkürzung gezeigt werden; die nächsten Zwei, der Eine sitzend, der Andere liegend, lassen sogar ihre Beine über den Rand des Erdreichs herabhängen, wie sie gerade vom Schlaf befallen wurden.

An der Bogenleibung des Tabernakels endlich sieht man auf blauem Himmelsgrunde mit goldenen Sternen die Halbfigur des segnenden Gottvater in Regenbogenglorie. Weiter abwärts schweben links und rechts je zwei Engelpaare, bis an die Knie von Wolken bedeckt; die vier oberen beten an, die unteren musizieren und zwischen ihnen flattert ein Cherubkopf in der Mitte.

Das ganze Werk giebt einen höchst achtenswerten Beweis der sicheren Freskotechnik des Meisters, die sich vollkommen der eines Domenico Ghirlandajo an die Seite stellen darf. Auch sonst drängt sich der Vergleich mit diesem Florentiner mehr auf, als mit irgend einem westumbrischen Genossen. Dieselben würdig ernsten Charaktere, ohne allzu starke Individualität; der edle sprechende Ausdruck in den Köpfen bei nicht unbefangener Bewegung der Gliedmafsen; die gleichmäfsige warme und freundliche Stimmung; all das entspricht den Altarwerken Domenicos. Selbst die zierlicheren Gestalten der Auferstehung haben mehr von der schlanken Anmut der Freskobilder in Sta Maria Novella, als von der Empfindsamkeit Peruginos. Doch dürfen diese verkleinerten Geschöpfe nicht als normale Beispiele für Santis damalige Kunst genommen werden, sondern wir haben uns an die unteren Figuren zu halten, die einfach grofsartig und wahr vor uns hintreten. Selbst die Madonna, die sonst in frommer Befangenheit am längsten der freien künstlerischen Behandlung widersteht, ist hier mit höherem Liebreiz und menschlichem Gefühl gegeben, während das Kind sogar des rituellen Augenblicks vergessend, zu frischer Äufserung alltäglichen Kinderlebens übergehen möchte. Die Behandlung der Gewänder ist, wo nicht widerspänstige Stoffe der Mönchskutten hinderten, überall fliefsend und weich, besonders bei Petrus, Maria und den Engeln weit geschmackvoller als bisher. Die Farbenakkorde, die das untere Bild beherrschen, und ihr Zusammengreifen haben einen so mächtigen, weihevollen Ernst, dafs der Beschauer, der droben in dem schlichten Bergstädtchen in der vernachlässigten Kirche steht, neben Ghirlandajos Namen sogar den eines Fra Bartolommeo murmelt, und die Reihe von heiligen Konversationen, die durch diesen Eindruck in seiner Erinnerung aufgeweckt werden, nur mit Raphaels Madonna del baldacchino beschliefsen kann.

Dies Fresko in Cagli ist das einzige monumentale Werk, das dem Meister von Urbino zu schaffen vergönnt ward, während Domenico Ghirlandajo sich in Florenz zu dem Wunsch versteigen durfte: „Ich wollte, man trüge mir auf, die Mauern der Stadt ringsum mit Geschichten zu bemalen." Und doch wie lieb und geläufig dem Urbinaten die Wandmalerei gewesen, erzählt uns noch heute eine schattenhafte und doch so lebensvolle Ruine in seinem Hause daheim. An der Mauer eines Hofraumes befand sich ursprünglich das Fresko, das jetzt dem Besucher in einem oberen Gemach der Casa di Raffaello gezeigt wird.[1] Es war gewifs schon vor der Übertragung durch die Feuchtigkeit verdorben und hat dann durch Reinigen und Ergänzen ein vertupftes, ja duftig weiches Ansehen bekommen, das eben modern ist. Trotzdem sind die eingeritzten Linien der Zeichnung authentisch und auch hier und da noch Spuren der alten Malerei erkennbar. In Profilansicht nach links sitzt eine junge Mutter auf einfachem Sitz vor einem Lesepult und liest so andächtig, dafs ihre Lippen sich mit zu bewegen scheinen, während sie sorglich mit beiden Händen das Kind beschützt, das nackt, den Kopf auf ein Ärmchen legend, in ihrem Schofse sitzend, eingeschlafen ist. Die Gruppe scheint unmittelbar nach dem Leben, im eifrigen Erhaschen des schönen Anblicks geschaffen, das verraten die individuellen Züge deutlich genug. Und so ward dies Bild der Mutter mit dem Kinde zum lieblichsten, das Santi gelungen. Es ist die Maria, die in Cagli thront, der nämliche Kopf, mit dem schlanken Hals, dem zierlich geordneten Schleiertuch, — aber völlig unbefangen, kaum eine Hausmadonna, sondern die Gattin des Malers

---

[1] Photographie von Alinari, 837. Abbildungen bei Pungileoni, Passavant, Dennistoun und Ramboux.

mit ihrem Kind — möchte man meinen, wenn auch an Raphael, wie man gewünscht, in dieser Zeit nicht mehr zu denken wäre. Denn mittlerweile sind wir auf dem Höhepunkt in der Thätigkeit Giovannis angekommen, wo sein 1483 geborenes Söhnchen bereits sechs Jahre zählte. Es ist Zeit die schöne Altartafel von 1489 anzuschliefsen. Dies sorgfältigste Meisterwerk unter seinen Staffelbildern befindet sich in dem weit entlegenen und vereinsamten Kloster Montefiorentino, nicht sowohl bei Urbania, wie sonst angegeben wird, als vielmehr zwischen Pian di Meleto und Frontino, unweit Piagniano gelegen, wo damals die Grafen Oliva safsen. In der stillen Klosterkirche, die man mühsam teils auf dem Maultier, teils zu Fufs ersteigen mufs, hat um 1485 die Familie der Oliva, Grafen von Piagniano ihre Grabkapelle gestiftet, links und rechts mit prächtigen Marmorsarkophagen und endlich auf dem Altar mit dem Gemälde Santis[1]) ausgestattet. Anordnung und Thronbau kommen dem Fresko in Cagli sehr nahe. Auch hier blicken wir, ohne dafs eine zweite Darstellung wie dort verlangt war, in ein offenes Gemach, dessen Wand die rundbogige Nische des Marmorsitzes in der Mitte überragt. Dagegen hat Maria wieder den Überwurf über das Haupt gezogen und thront in königlicher Haltung, indem sie die Linke auf die Brust legt, mit der Rechten den Kopf des Kindes stützt, das halb sitzend in ihrem Schofse lehnt. An die Wangen des Thrones schmiegen sich Engelpaare, fast nur die lieblichen Köpfe zeigend; denn vor ihnen stehen dicht gereiht, links S. Franciscus mit kleinem Kreuz und erhobener Hand, die das Wundmal trägt, und vorn der heilige Georg (oder Crescentino, der in diesen Gegenden verehrt wird.) Es ist eine herrliche Jünglingsgestalt in voller Rüstung, doch barhaupt, mit dem Schwert in der Hand. Sein Helm mit einer langen Pfauenfeder darauf steht neben ihm am Boden. Das glänzende Metall spiegelt alle Gegenstände umher und die goldene Kette auf dem Brustpanzer erhöht noch den Reiz dieser Nachahmungswunder. Gegenüber blickt der alte Antonius Abbas, ein ehrwürdiger Kahlkopf mit langem weifsem Bart, auf seinen Stab gestützt, neben einem Kardinal heraus, der bartlos, die Kapuze nonnenhaft über das Haupt geschlagen hat, wohl nicht Hieronymus, den Santi immer bärtig darstellt, sondern der neue Franziskanerheilige Bonaventura. Zu seinen Füfsen kniet,

---

1) Abbildung bei Crowe und Cavalcaselle III, 372, leider sehr ungenügend.

der Madonna zugewendet, wieder genau so wie Herzog Federigo in Urbino einst, im Bild des Piero de' Franceschi, der Stifter Graf Oliva, wie er einst unter dem erlauchten Kriegsherrn gefochten, in blanker Stahlrüstung, doch entblöfsten Hauptes im Gebet. Jenseits dieses engen Gemaches sehen wir über die Wände die Halbfiguren von Engeln hervorragen, die auf Geige, Harfe und Flöte, auf Tambourin, Trommel und Pfeifen ein rauschendes Konzert vollführen, während oben im Himmelsblau vier Cherubköpfchen flattern? Überall ist reicher Zierrat angebracht, wie am Bogen und in der Concha des Thrones; auf den Stufen liegt ein prächtiger Teppich ausgebreitet, die niedrige Vorderseite der Bühne selbst ist mit Medaillons geschmückt, die Heiligenköpfe enthalten, und in der Mitte prangt die Inschrift:

CAROLVS OLIVVS · PLANIANI COMES · DIVAE VIRGINI
AC RELIQVIS
CELITIBVS · IOANNE SANCTIO PICTORE DEDICAVIT
MCCCCLXXXVIIII.

Hier können wir uns vollständig dem Urteile von Crowe und Cavalcaselle anschliefsen, die diesem Altarstück mit Recht die erste Stelle unter den Tafelbildern Santis einräumen, sowohl was Genauigkeit und Sicherheit der Zeichnung, als was Grofsartigkeit und Wahrheit der Porträtbehandlung betrifft. Die Erhaltung des Bildes läfst eigentlich nichts zu wünschen übrig und wäre vorzüglich geeignet in einer namhaften Sammlung Italiens eine richtige Vorstellung von dem künstlerischen Werte Giovanni Santis zu verbreiten. „Holde Schwermut spricht aus den Zügen dieser Maria, die in Formbildung, Bewegung und Blick als Vorbild ähnlicher Typen Raphaels erscheint, während die Engel ebenso durch die Schönheit ihrer Gesichter, wie durch die Kindlichkeit ihres Eifers erfreuen." Die Zeichnung des Kindes ist allerdings, besonders an den Füfsen etwas vernachlässigt; aber die herrlichen Charakterköpfe der Heiligen vom jugendlichen Ritter bis zum greisen Denker rechtfertigen wieder einen Vergleich mit den Kirchenbildern des Domenico Ghirlandajo.

Ähnliche Tüchtigkeit als Bildnismaler wie hier bewährt der Meister auch im Martyrium des heiligen Sebastian, das er für die Bruderschaft dieses Namens in Urbino gearbeitet hat; aber es zeigt bereits deutlich einen Schritt in die zweite Periode seiner Thätigkeit, die — auch hier oben im Gebirgslande — ebenso dem allgemeinen Zug des Zeitgeschmackes folgt, wie drunten in den tonangebenden Städten am Arno und am Tiber. Wie Ghirlandajo in den Fresken von Sta Maria Novella, Pietro Perugino und Bernardino Pinturichio in ihren Arbeiten nach 1490 das Verhältnis der dargestellten Personen zum Schauplatz ihres Auftretens verändern, und zwar der Räumlichkeit ausführlichere Wiedergabe zuteil werden lassen, den Figuren darin jedoch demgemäfs geringeren Wert gestatten, — so auch Giovanni Santi. Von jetzt ab werden seine Gestalten schlanker und kleiner, die Örtlichkeit dagegen eingehender geschildert, dafür zur Entschädigung aber, oder in Verbindung damit leidenschaftlichere Bewegungen, drastischeres Handeln erstrebt. Schon in Montefiorentino verrät das Gedränge der gröfseren Figurenzahl, dafs der Künstler im nämlichen Rahmen doch mehr zu bringen trachtet als bisher. In diesem Altarbilde in Urbino, mit dem Martyrium S. Sebastians kommt dieser neue Wille voll zum Durchbruch, weil der Gegenstand besondere Veranlassung bot. Da sehen wir links auf einem Söller den Tyrannen, der den Befehl zur Hinrichtung erteilt. In der Mitte des Bildes, aber ziemlich weit zurück, den jugendlichen Heiligen an einem Baumstamm festgebunden, als Zielscheibe für die Schützen im Vordergrund. Zwei von ihnen haben schon geschossen, ein dritter spannt den Bogen mit heftiger Anstrengung und echter Henkermiene, während zur Rechten als zuschauendes Publikum eine Schar von acht Mitgliedern der Bruderschaft, Männer und Weiber, porträtirt sind. Die ganze Komposition weicht völlig von der Darstellung dieses Gegenstandes bei westumbrischen Malern ab, und zeigt, wie wenig Giovanni von den Schulgewohnheiten eines Pietro Perugino berührt worden, mit dem man ihn so gern zusammenbringt. Er hat es vielmehr versucht in den hastig bewegten Schützen, die Kopf und Arme emporheben, in der Gestalt des jugendlichen Märtyrers, den wir droben sehen, in dem Engel, der sich mit der Krone aus Wolken herniederneigt, die Verkürzungen Melozzos wetteifernd nachzuahmen, und, wie wir gestehen müssen, mit Erfolg; nur der Engel ist mifslungen. Zugleich aber ist die Menge der dargestellten Personen, in landschaftlicher Umgebung, sogar mit Architektur darin, entscheidend gewesen für den Ausfall des Ganzen. Die Hauptperson ist unsern Blicken zu sehr entrückt, des Abstandes wegen zu klein, und die Schönheit seines Kopfes, der Ausdruck der emporblickenden Augen kommt nicht zu voller Wirkung. Übrigens ist das Bild stark beschädigt und übermalt, sodafs es nicht mehr als authentisches Beispiel seiner Farbengebung in Frage kommt.[1])

Der nämlichen Richtung, nur noch einfacher seinem Gegenstande nach der bezeichneten Art eines Ghirlandajo entsprechend, gehört ein Bild in S. Maria Nuova zu Fano an: die Begegnung Marias mit Elisabeth. Es bietet heute oben an einer Wand, wohin man es, nach langer Verwahrlosung in der Rumpelkammer, gehängt, einen traurigen Anblick. Sprünge, Wurmfrafs und andere Unbilden haben es entstellt; die Farben sind, offenbar auch unter Einflufs der Seeluft, verschossen und haben einen Stich ins GrünlichSchwarze bekommen. Davon abgesehen ist es sehr beachtenswert. In der Mitte begegnen sich die beiden gesegneten Frauen, deren weite Gewandung die übrige Gestalt bis auf die Arme verhüllt. Elisabeth ist eine alte Matrone mit hageren Wangen und scharfen Zügen, die der Ankommenden liebevoll ins Antlitz schaut und ihre Hand auf den Leib der Auserwählten legt. Ihr folgt würdevoll daherwandelnd eine Dame des Hauses, wie die vornehmen Bürgerinnen bei Ghirlandajo, und eine lebhaft gestikulierende Magd, deren schlängelnde Gewandfalten und zierlicher Kopfputz uns ebenso florentinisch anmuten, wie bei ähnlichen Figuren des Fiorenzo di Lorenzo. Alle Aufmerksamkeit richtet sich auf Maria, die verschämt die Augen niederschlägt und zwischen der spitzen Nase und dem spitzen Kinn auch noch das Mündchen ebenso vorschiebt. Hinter ihr nähern sich schräg hinzutretend der grämliche Graubart Joseph, auf seinen Stab gestützt, und eine junge Begleiterin der Maria mit deren Kopftuch in der Hand, die demütigen Geberden der Herrin wiederholend, während hinter beiden noch ein altes Weib mit dem Reisebündel auf dem Kopf hindurchblickt. Zur Linken schneidet die Eingangshalle des Hauses mit dem Durchblick in ein anstossendes Gemach herein, während zwischen den Felspartieen nach rechts hin sich die Aussicht in landschaftliche Ferne eröffnet. Man merkt, es wird dem Meister, der sonst nur stille Versammlungen von Heiligen um den Thron der Madonna

---

[1]) Durchzeichnungen der Teile bei Ramboux, Umrisse, Tafel 217–220, dessen getuschte Zeichnung des Ganzen in Düsseldorf. Über die Aufmalung des Lendentuches, vgl. Pungileoni pag. 161 f., wo es heifst: „martyrium S. Sebastiani mano Joannis Sancti Patris famae celebris Raphaelis parum modeste depictum."

geschildert, doch schwer einen solchen historischen Vorgang zu beleben, wo zu körperlicher Thätigkeit der Mitwirkenden keine Veranlassung war. Die lebhafte Magd mufs dies Gefühl, wie er selbst durch die Feierlichkeit der Szene beengt war, noch mehr zum Bewufstsein bringen. Er versucht es in seiner gemütvollen Weise, durch psychologischen Ausdruck zu wirken; aber die Einförmigkeit seiner herkömmlichen Gesten, die Wiederholung der Fingerstellungen, die Ähnlichkeit seiner Gesichtstypen beeinträchtigt wieder das dort Erreichte. Nur Elisabeth entspricht seiner künstlerischen Intention und die vornehme Begleiterin, die porträtmäfsig behandelt scheint. Auf einem weifsen Papierzettel, der auf der Erde liegt, steht die Bezeichnung: IOANNES SANTIS DE VRBINO.[1]) Kaum irgendwo ist die Verwandtschaft mit den Erzeugnissen des Antoniasso Romano so deutlich, wie hier.

Ist es hier vor allem das Verhältnis der kleinen Figuren zu dem umgebenden Raume, was uns bestimmen mufs, das Werk in die spätere Periode zu rechnen, so ist es bei einem anderen Bildchen besonders die Heftigkeit der Bewegung, der Versuch, den seelischen Ausdruck mit neuen Mitteln zu steigern. Ich meine die kleine Tafel mit der Pietà, die aus S. Bernardino ins Istituto di Belle Arti von Urbino gekommen. Auf einem Podium von klassischer Gliederung sitzt der nackte Leichnam des Erlösers, indem zwei Engel, von links und rechts herbeigeeilt, in hastigem Bemühen den zurücksinkenden Oberkörper und das lastende Haupt unterstützen.[2]) Dahin gehören ebenso die sechs Apostelfiguren, die sich in der Sakristei des Domes befinden, zu arg beschädigt, um noch ein Urteil zu fordern,[3]) und endlich als letztes, bedeutenderes Werk dieser Art die Verkündigung in der Brera zu Mailand.[4])

Das Bild befand sich ursprünglich in der Kirche S. Maria Maddalena zu Sinigallia, und wurde wahrscheinlich von Giovanni della Rovere und seiner Gemahlin, einer Tochter Federigos, bestellt, als nach dem Tode eines ersten Sohnes sich endlich der Wunsch

---

1) Photographie von Alinari, 706.
2) Photographie von Alinari, 813.
3) Sie haben mehr Verwandtschaft mit der Visitation in Fano als mit irgend einem andern Werk: S. Andreas ist der bärtige Greis, den wir als Hieronymus oder Makarius kennen; S. Johannes völlig jener Jünglingstypus, der seinen weiblichen Heiligen und Engeln so nahe kommt.
4) Photographie von Brogi, No. 2581.

nach einem Erben erfüllte. Dieser zweite Spröfsling, dem es bestimmt war, seinem Oheim Guidobaldo im Herzogtum Urbino zu folgen, war Francesco Maria, der im Jahre 1490 geboren ward. So würde sich auch die Entstehungszeit des Gemäldes ergeben, das ohnehin seinem innern Wesen nach in die letzte Periode des Meisters zu setzen ist.

Mehr als die Hälfte der oben abgerundeten Tafel wird durch eine Pfeilerhalle eingenommen, die an der Ecke eines zweistöckigen Hauses einen Bogen nach vorn, den anderen nach links in die Mitte des Bildes öffnet, während das umgebende Gärtchen durch eine marmorgetäfelte Brüstung gegen die Landschaft des Hintergrundes abgeschlossen wird. In der Loggia, die aus farbigen Steinsorten gebaut ist, sehen wir Maria aufstehend sich verneigen, indem sie die Arme über die Brust kreuzt und demütig Haupt und Lider senkt. Denn dicht vor der Laube hat sich der Engel des Herrn auf ein Knie niedergelassen und verkündet die Botschaft, indem er, die Lilie in der linken Hand, seine Worte mit der Rechten begleitet. Und über ihm erscheint am Himmel die Halbfigur des segnenden Gottvater im Regenbogenrund; schon flattert die Taube des heiligen Geistes durch den Bogen herein, gefolgt von dem Christkinde, das, sein Kreuz auf der Schulter tragend, auf einem Wölkchen der irdischen Mutter entgegenläuft. Über die niedrige Gartenmauer blicken wir in ein Flufsthal mit überhängenden Felsen links und schimmernden Bergen in der Ferne. Leider wirkt die festumrahmte Erscheinung Jehovahs, mit dem langbärtigen Kahlkopf und der Weltkugel, wieder zu schwer in dem hellen Ätherblau, und auch die bunte Architektur ist zu massig. Originell gedacht und wahrheitsgetreu ist die Bewegung der Maria, die soeben noch auf der Bank gesessen hat, noch mit eingeknickten Knieen, aber aufrechtem Oberkörper, im Übergang aus einer Haltung in die andere gezeichnet ist. Glücklich kann dies Haschen nach transitorischer Wirklichkeit jedoch nicht genannt werden, besonders da die sittsame Bürgersfrau, die uns Santi zeigt, weder schön noch jugendlich von Angesicht, auch in dieser Bewegung eben keine Anmut entfaltet. Das tiefgefurchte Kleid und die Quergehänge des Mantels, der um die Arme gewickelt ist, sind gewissenhaft ausgearbeitet, ebenso die faltenreichen Ärmel und die Tunika des Engels; aber sie bleiben eben dadurch nicht malerisch breit genug. Auch Gabriel ist in schwieriger Haltung schräg gegen Maria gewendet und bewährt des Malers Meisterschaft in mannichfaltiger Verkürzung. Mit liebevoller Sorgfalt wird die seitliche Beleuchtung von linksher mit allen Schlagschatten und zufälligen Effekten durchgeführt, und der Künstler hat gewifs mit Stolz seine Aufschrift IOHANNES SANTIS VRBI · P. an dem Sockel des Hauses angebracht, — und doch ist gerade diese unerbittliche Wiedergabe der grellen Wahrheit die Ursache, weshalb das Ganze wohl als achtenswerte Probe seines Wissens und Könnens, nicht aber als malerisches Kunstwerk befriedigt. Er zeigt uns zu sehr das strenge Antlitz der Arbeit. Ist ihm der befreiende Schwung der Begeisterung unter den häuslichen Sorgen erlahmt, oder lastet die Enge seiner Heimat erdrückend auf dieser Künstlerseele?

Jedenfalls mufs man bei der Beurteilung seiner Werke nie vergessen, dafs er aufserhalb der Stätte organischer Kunstentwickelung in seinen besten Jahren fast ganz isoliert in Urbino arbeitet. Hier herrscht seit dem Tode Federigos (1482) und seines Baumeisters Luciano Laurana (1483) keine regsame Thätigkeit mehr. Glich doch das Kunstleben, das dieser hochgebildete Fürst in seinem kleinen Lande hervorgerufen, auch in der besten Zeit mehr einem höfischen Garten mit seltenen Pflanzen, die anderswo erblüht sind, aber keinen Nachwuchs erzeugen. Es war nicht natürlich erwachsen und konnte auch nicht fortbestehen hier oben im Gebirge, wo das Zusammenwirken bedeutender Kräfte und gegenseitiges Anspornen keine dauernde Stätte fand. Bis zur Mündigkeit des jungen Guidobaldo, der 1472 geboren, 1489 Elisabetta Gonzaga von Mantua heimführte, gingen stille Jahre hin, wo Besorgnis um die politische Lage wenig Lust für künstlerische Unternehmungen gedeihen liefs.[1]) Die feinsinnige Fürstin nahm dann auch Giovanni Santi in Anspruch, schickte ihn gar nach Mantua, um Bildnisse zu malen; krank aber heimgekehrt, starb er schon am 1. August 1494. Also seine eigentliche Arbeitszeit fällt gerade mit dem ungünstigsten Jahrzehnt zusammen.

Daher bleibt sein aufrichtiges inneres Bedürfnis nach Fortschritt ohne rechten Erfolg; es fehlt ihm die Anregung mitstrebender

---

1) Anfang Oktober 1491 starb Giovannis Frau, Magia Ciarla; Ende Mai 1492 schritt er zur zweiten Ehe mit Bernardina Parte, aus der nur ein Töchterlein hervorging, das nach des Vaters Tode geboren ward.

Kräfte, fehlt die Mannichfaltigkeit der Aufgaben, die ihm ermöglicht hätte, zu einem klar herausgebildeten Stil durchzudringen. Die stete Wiederholung fast identischer Aufträge für die Kirchen und Klöster seiner Provinz gestattete nur einseitige Übung und liefs andere Anlagen verkümmern. Es verdient, moralisch betrachtet, die höchste Anerkennung, wenn man ihn dennoch von Arbeit zu Arbeit weiter ringen sieht, unablässig bemüht, mit seinen bescheidenen Mitteln im engen Kreis das Trefflichste zu leisten. Man vergleiche nur einmal die Reihe seiner Arbeiten mit einem gleichen Ausschnitt aus der umfassenden Thätigkeit des Perugino, der unter ähnlichen Bedingungen schafft. Obschon diesem der ganze reiche Quell florentinischen Kunstlebens erschlossen war, erstarrt er so bald in dem nachlässigen Wiederholen seiner heiligen Konversationen und wird geistig indifferent gegen die Gestalten, die er regelrecht zusammenstellt. Wie anders achtunggebietend prägt sich Santis Gewissenhaftigkeit und Gesinnungstreue überall auch in unscheinbaren Stücken aus! —

Trotzdem mufsten diese Verhältnisse lähmend wirken. Das äufsert sich zunächst in der Angewöhnung äufserlicher Eigenschaften, Manieren, die man eben beibehält, wenn die Kritik der Kunstgenossen und der lehrreiche Anblick anderer Arbeiten fehlt. Gewisse Unvollkommenheiten seiner Zeichnung, einmal auswendig gelernte Fingerhaltungen, Beinstellungen, Faltenzüge kehren bei ihm wieder, sogar in dem nämlichen Bilde. Wer mehrere Werke neben einander sieht, erkennt in zeitlich nahestehenden auch die Wiederholung der Typen, seiner beliebten Charakterköpfe, ja das Konterfei des gleichen Modells, das ihm gerade zu Gebote stand. Das Schicksal, nur Kirchenbilder malen zu müssen, wo fast immer ein ruhiges Nebeneinanderstehen zufällig ausgewählter Heiligen gefordert ward, vergönnte ihm keine Gelegenheit, sich in lebhafteren Handlungen zu üben, wo es auf körperliche Bewegungen ankommt und Wechselwirkung der Beteiligten. Deshalb machen ihm historische Vorgänge dieser Art grofse Schwierigkeit, wenn sie einmal verlangt werden, wie schon die Visitation, die Auferstehung, oder gar das Martyrium S. Sebastians. Es gelingt ihm nicht, den Körper in Aktion vollkommen frei zu beherrschen, so gern er sich dem Studium der verschiedensten Stellungen hingiebt, und mit Vorliebe gar kühne Verkürzungen aufsucht. So fehlt ihm der harmonische Flufs des Vortrags, den eben nur Übung verleihen kann.

Dies aber hängt auf der andern Seite mit der skrupulösen Gewissenhaftigkeit, mit dem strengen Realismus zusammen, dem er ebenso treu bleibt, wie Piero de' Franceschi. Und die Nachteile emsiger Modellnachahmung, das Ausbleiben des belebenden Stromes nach all der Arbeit, entdeckt man bei dem grofsen Maler von Borgo San Sepolcro fast ebenso oft wie bei dem Schüler Melozzos in Urbino. Dafür entschädigt uns Giovanni Santi jedoch durch seinen ausgemachten Schönheitssinn, oder sagen wir spezieller durch seine herzige Vorliebe für Jugendfrische und Zartheit in den Köpfen der Mägdlein und Knaben bis zur strahlenden Pracht des italienischen Jünglings. Daneben versteht er trefflich, die weihevolle Schönheit des Greises, ja die asketischen Züge religiöser Schwärmerei zu verherrlichen. Diese Sehnsucht nach idealer Schönheit ist es, wo wir den Einklang zwischen ihm und Melozzo zu suchen haben, der ihren persönlichen Verkehr zur innigsten Freundschaft erhob. Die durchgehende Übereinstimmung des spät gebildeten Schülers mit seinem Meister, in den Einzelheiten der Zeichnung, wie in der Auffassung und Wiedergabe der Formen, in der ganzen Art zu sehen und die Körper plastisch, doch in steter Verbindung mit dem umgebenden Raum, zu denken, diese Aneignung des Erlernbaren kann ja gerade bei der fleifsigen, hingebenden Natur Santis keinen Augenblick überraschen, und es ist wohl müfsig, sie Stück für Stück nachzuweisen, besonders da die Werke Melozzos unlängst in authentischen Abbildungen allgemeiner zugänglich geworden sind.[1]) Was aber wichtig und hervorhebenswert scheint, ist die geistige Gemeinschaft, das gleiche Ideal, dem beide nachringen, wenn auch Melozzo grofsartig und hohen Flugs in weiträumigen, monumentalen Schöpfungen, Santi bescheiden, im kleinen Kreis des Heimatstädtchens eingeengt, — gleich Melozzo im letzten Jahrzehnt zu Forli — ja wohl gar etwas flügellahm und resigniert, in der Schwesterkunst Poesie eine Entschädigung suchend. Gerade uns kommt es darauf an, zum Verständnis seines künstlerischen Wesens in beiderlei Gestalt auch beim Maler vielmehr die Symptome zu erkennen, die uns sein Wollen, sein Streben, seine Auffassung und Empfindung offenbaren. Hier werden wir Züge innerlichster Verwandtschaft mit dem unermüdlichen Eifer, mit der seelischen Tiefe, dem reinen idealen Schönheitssinn seines Sohnes Raphael entdecken. Welcher

---

1) Vgl. die 27 Tafeln zu meinem Buche über Melozzo. Stuttgart und Berlin, 1886.

Florentiner hat — auch Ghirlandajo, an den wir mehrfach erinnert worden, nicht ausgenommen — so sprechend die wahre Tiefe des Gemüts, die Innigkeit teilnehmender Seelen zum Ausdruck gebracht, wie Giovanni Santi in seinem verklärten Märtyrer Sebastian, seinem glaubensfreudigen Makarius, seinem wehmütigen Rochus, seiner schmerzerfüllten Muttergottes? Wo wäre die Hoheit einer Kaiserin Helena, oder des Apostelfürsten, die Geisteskraft eines Thomas von Aquino oder Hieronymus so durch christliche Milde geläutert, ohne jede Spur schwächlicher Sentimentalität? Nichts von der gefühlseligen Verzückung, die Perugino darzustellen sucht und so bald äufserlich wiederholt, nirgends eine kalt berechnete Steigerung des Affektes, die lediglich auf Rührung des Beschauers abzielt, sondern überall wahre treue Empfindung, die, auf dem Boden eines gesunden Charakters gediehen, eher an sich hält, noch unerschlossen knospet, wie im Frühling, der die volle Pracht des Sommers erst verspricht. —

Erinnern wir uns daneben an den mannichfaltigen Bildungsstoff, den dieser Mann aus poetischem Antrieb in sich aufgenommen und in seiner Weise verarbeitet hat, so empfängt das geistige Kapital, das er seinem Sohne vererben und vermachen konnte, bedeutsamsten Zuwachs. Es war ein glücklicher Umstand, den wir nicht unterschätzen dürfen, dafs sich zwei Musen an Santis Herd die Hand reichten: die Gemeinschaft der Malerei und der Poesie ist eine beneidenswerte Konstellation, die Raphael vor manchem Kunstgenossen voraus hat. Und die Geschichte, die unser Poet so hoch verehrt, war gleichsam die Vermittlerin. Soll man sich vorstellen, dafs der schlichte Urbinate schweigsam und in sich gekehrt gedichtet habe, dafs der Vater des liebenswürdigsten Sohnes nicht mitteilsam gewesen, etwa in der Art Michel Angelos, sich von den Seinigen abgesperrt und Weib und Kind entfremdet habe, um seiner stillen Arbeit obzuliegen? Wohl kaum! Wir werden im Gegenteil das Richtige treffen, wenn wir die herzliche Sinnesart des Malers auch in dem begeisterten Herold der Thaten seines Herzogs Federigo suchen. Sollte er den Seinigen nicht erzählt haben, was er in Paltronis Memoiren gelesen oder im eigenen Gedächtnis wachgerufen, die Geschichte des Fürsten und des Vaterlandes ringsum, die er Jahr aus Jahr ein mit emsigem Fleifs in Reime zu fassen bemüht war. Sollte dieser gestaltenreiche Stoff, aus dem Munde des Vaters vernommen, nicht auch die Phantasie des Knaben erfüllt haben, je mehr er heranwuchs? Da erstrahlte wohl über den lebendigen Persönlichkeiten, die durch Bildnisse des Herzogs Federigo, seiner Gemahlin, seiner Paladine und durch wirklichen Anblick des Regenten Ottaviano Ubaldini, des jungen Herzogs Guidobaldo und der Prinzessinnen mitten in die Gegenwart hineinragten, im Hintergrunde der Tempel des Ruhmes, in dem sich die gefeierten Helden des Altertums und der jüngsten Vergangenheit zusammenfanden, und der Triumphzug der Tugenden und Wissenschaften und Künste bewegte sich verheißend und erhebend zu dem Heiligtum. Selbst die Vorstellung von dem Weltsystem mit den Planetengöttern, die das Menschenschicksal bestimmen, erhielt ja noch spät durch Raphael, in der Kuppel der Cappella Chigi an Sta Maria del Popolo zu Rom, ihre künstlerische Verkörperung in dem nämlichen Sinne, wie Giovanni Santi sie bei der Erschaffung der Seele Federigos vorgetragen, nur verchristlicht durch begleitende Engel und Jehova als Allbeweger in der Mitte. Wie viel lebendiger muß die Schilderung allegorischer Wesen im Gedicht des Vaters noch in der Einbildungskraft des jungen Malers fortgewirkt haben, als von ihm unter seinen Erstlingsleistungen „der Traum des Ritters" auf dem Scheidewege zwischen Tugend und Genuß verlangt ward, Gestalten, in denen das Publikum damals vielleicht allgemein Herkules zwischen Minerva und Venus erkannte. Gewiß war Vieles von dem humanistischen Beiwerk, das Santi als poetischen Apparat verwendet, Gemeingut auch mäßig gebildeter Leute und wurde in solcher Stadt wie Urbino auch in der Schule gelehrt. Dennoch sind wir nur an der Hand dieser Dichtung im Stande, den Umkreis dieser Vorstellungen, in dem Raphael erzogen ward, zu ermessen, und die Vermittlung des schriftstellernden Vaters giebt all diesen Elementen ein intimes Gepräge, daß wir annehmen dürfen, der Eine war darin zu Hause wie der Andre. Hat doch Raphael auch die Poetenader geerbt und im Versmaß Giovannis gedichtet, obschon freilich das künstlerische Schaffen ihn unentwegt, ganz und voll in Anspruch nimmt, kein Zwiespalt zwischen Malen und Dichten seine Kräfte teilt. Es kommt nicht darauf an, was seine Sonette wert sind; aber die Thatsache, daß er mitten in der Arbeit, in Stunden höchster Erregung, wo ihn der Liebe wonniges Weh bewältigt, zur Feder greift, um seiner Stimmung in Versen Luft zu machen; daß er die Reimkunst nicht nur durch Übung angeeignet hat, — was die wenigen vorhandenen Sonette immer voraussetzen —; sondern daß ihm dieser Ausweg für das überquellende Gefühl natürlich scheint, wo Zeichenstift und Pinsel nicht hinreichen, diese Thatsache ist hier entscheidend.

Schliefslich kommt noch eins in Betracht, das gerade für Raphael ganz besondere Bedeutung hat: der sittliche Kern im Dichten und Trachten des Vaters. Die treue wahrhaftige Gesinnung und die Begeisterung für alles ideale Streben, die Giovannis Auffassung durchdringt, wo es ein Zeugnis seines Wesens zu geben gilt. Der Ernst des Wollens und die Lauterkeit des Gemüts offenbaren sich in Santis Gemälden ebenso wie in seinem Epos; und wer hätte Raphaels überreiches und doch nur kurzes Leben mit Staunen als Ganzes betrachtet, ohne zugleich die ethische Kraft zu bewundern, die diesem stetig fortschreitenden Schaffen zu Grunde liegt, den starken Willen und die reine Sehnsucht, die ihn unausgesetzt nach den Idealen der Schönheit und Vollkommenheit ringen lassen. Kann es nach alledem nicht zweifelhaft sein, dafs wir in der malerischen wie in der dichterischen Produktion des Vaters die wichtigsten Grundlagen für das Studium Raphaels besitzen, so ist dies sittliche Erbteil vielleicht das wertvollste.

Das ganze geistige Vermächtnis, das wir überschauen, behauptet in der Geschichte des Künstlers weitaus den Vorrang vor all den Fragen nach der äufserlichen Schulung in diesem oder jenem Maleratelier; denn diese soll ja doch nur in den Stand setzen, den Reichtum des eigenen Innern in geläufiger Formensprache auszuprägen. Wer die Entwicklung Raphaels verstehen will, mufs sich vorerst in vollem Umfang mit dem Wesen seines Vaters abfinden. Diese Bemerkung, die wir unserer Analyse des Dichter- und Malerwerkes Giovanni Santis vorausgeschickt, findet in allen Teilen ihre Bestätigung und drängt sich dem Forscher, der die ersten Schritte des künftigen Meisters zwischen Urbino und Perugia, Città di Castello und Florenz mit unbefangenem Auge verfolgt, überall auf, sobald die Betrachtung von den Äufserlichkeiten der Mache zu dem inneren Leben seiner Werke vordringt. Das Wachstum des grofsen Sohnes wurzelt an dem Wesen und Schaffen seines Vaters Giovanni Santi als Dichter und Maler. Das nachzuweisen ist die erste Aufgabe einer Jugendgeschichte Raphaels.

ANHANG

Battaglia con diavoli
Fol. 33b—35a.

Ma quello, a che più volte io ho pensato,
    Fu uno caso memorando e *(non)* da tacere
    Anzi de haverlo ogni hor più predicato.
Però, che molti i qual voglion sapere
    Più che conviense al nostro viver basso,
    Nulla poi morte a noi pensan dovere
Esser concesso, e'l nostro spirto casso
    De sua immortalitate, e como i bruti
    Havere el fin sì sconsolato et lapso.
Ma de ciò scriver poi par che mi muti
    Lo incredibil stupore, et fra me penso:
    Del Conte i fatti al mondo cognosciuti
Scrivendone tu parte el chiaro senso
    Obscurerai per questa, che è inaudita
    Gran cosa al mondo, e'l vero havrai offenso.
Ma perchè questa ancora è tanto atrita
    Da molti, che ancor vivono, e da quello
    Udì cum maraviglia gia infinita,
Di cui io scrivo et ancor pigliarne ello
    Infinito stupore et quasi apena
    Dicea: io credo quel, che hora favello.
Ma quanto è più mirabil, più mia vena
    A ciò se extende, perchè quella boccha
    Verace sempre in fin l'ultima cena [1]
Ancor ne scripse, e ciò distincto el tocca,
    Cantarollo io. [2] Jo dico, che gia essendo
    In cotal guerra como stabil roccha

---

[1] Also sein Berichterstatter Pierantonio Paltroni.
[2] Neben der folgenden Erzählung steht von der Hand Santis am Rande geschrieben: „battaglia cō diauolj."

El Conte, e nel suo pecto dentro havendo
 Un gram disio a Furlì de predare,
 E in ciò col tempo savio provedendo,
Cum gran silentio fece cavalcare
 Destrier cum seco circa quatrocento
 E poi, che nel paese hebbe arivare
De li nemici, lì cum modo attento
 Ognun fe' dimorar l'ora aspectando
 De far la correria, sì como un vento,
Quando a ognun parve sentire armegiando
 Un strepito da lungi senza voce, —
 In un momento, allor sopre arrivando
Cum impeto e cum corso assai veloce
 L'un contra l'altro, corsaro i destrieri,
 E cum aspecto rigido e feroce
A ferir cominciaro, i cavalieri
 Sentiansi esser percossi e non vedeano
 Altri nemici quindi pei sentieri;
Splendea la Luna tal, che chiar vedeano
 Non esser sopragiunta ivi altra gente,
 Et l'un con l'altro poi se percotteano.
Caschava in terra alcun miseramente
 Tal, ch' era a piè, a caual se trovava,
 Tal pria a caval, a piedi era al presente,
L'anitrir de' cavalli spaventava
 Sopra natura el fugir pauroso
 Per le campagne et altri noi caciava.
Istupefacto el Conte, timoroso
 Stava a quello improvisto acerbo caso
 Et al rumore in ciò mai più non oso,
Ognun de ardire era gia spento e raso,
 Ne durò simil facto un quinto d'hora,
 E tal drapel senza ordine era spaso.
Gia incominciava Apollo ensull' Aurora
 Mostrar la luce, et ognun più spaventato;
 Chi al luocho deputato, e qual de fora,
Tale a caval se trova covertato
 De l'altrui barde, e qual la sella volta,
 Chi el trova lungi assai da se legato,
Qual cum la briglia al collo esser disciolta,
 Tale in quel d'altrui si trova salito,
 Tal lungi el trova per grande herba folta,
Scosto tre miglia, timido e smarito,
 Nudo in caveza el disusato modo,
 Qual in più parte del corpo ferito,
La molta gente non suporte el frodo
 De simil caso, et li feriti cento
 La nocte fuor desopra al terren sodo.   6*

Cusì non rocto altrui, ne d'altrui vento
  Combatte el Conte, e gia non sà con cui,
  E senza altro far presto e non lento
Torne a Faenza, e qui vedendo lui
  Cum gli altri, a lor Guidaccio ridea forte,
  Dicendo pur: "Senza vedere altrui
Hai conbatuto, e cum sì dubia sorte?"
  Poi disse: "o Conte, sappi che in tal luoco
  Doppo una cena a molti dè la morte
El conte Albrigo, el nome è ancor non fioco,
  Perchè'l se disse poi del conte Albrigo
  I fructi acerbi el seme in sangue roco.
Ma hogi mai là dove Federico
  Coi spiriti combattette, chiamarasse
  Luoco del seme human propio inimico.
E cusì fù . . . .

Oratione fatta a li militi dal Conte (a Castelluccio)
Fol. 115b—117a.

Eran gia tanto al Conte aproximati
  De là dal fiume i suoi nemici attenti,
  Che dai militi suoi en giudicati,
Quanto di numer gli erano eminenti;
  E gia pensando ognun cum tre afrontarsi,
  Più che l'usato han timidi gli accenti.
Ladonde el Conte ciò vedendo i parsi,
  Parlando allor de rivocarli al petto
  Gli spiriti gia dal core alquanti sparsi.
E posto in alto col suo chiaro aspecto
  Lieto parlando in questa forma dice:
  "Tanto ho di voi gia dentro al mio intellecto,
O militi, le prove alte e felice,
  Che indarno el mio parlar riputo a voi,
  Ai quali son le vitorie tanto amice.
Perchè non solo una volta over doi
  Havete reportato alta vetoria
  Et ai nemici tolti i segni suoi,
Ma molte e molte io ho nella memoria,
  Per le qual certo io ardisco ogni cosa
  Et ornare el fin de inextimabil gloria.
O militi, e non m'è di voi ascosa
  L'alta vertù, che hogi me fa ardire
  Battaglia, a ogni altra gente perigliosa,
E benchè ogni hom dovesse sbigotire
  Dei nostri aversi el numer sì magiore,
  Questo conviensi a voi sol de disdire,

Che tante volte gia superiori
    A numer grandi cum la spada in mano
    Meco ve ho visti e ornati d'alti honori.
Non fù l'ardir mio folle a San Fabiano
    Senza arme indosso el campo, che fugiva,
    Farlo voltar li nel disteso piano.
Jo cum voi ardisco quel, che tanto ardiva
    Cum la decima amata Legione
    Caesare gia, del qual la fama viva
A tucti quanti al mondo se prepone.
    O militi, vedeti el volto mio,
    Alegro tanto egli è, ch'el se dispone
A gloria ognun di voi, el gran disio
    Che haveti dentro lo vegio fuori aperto,
    De che ringratio, voi e imprima dio.
Questa battaglia non contiene el merto
    De Castelluccio sol, ma el Ream tucto,
    Se ben provati, vè per gloria offerto.
Vedeti l'hoste averso, qui conducto
    Cum tanta copia d'oro e de argento,
    De l'alte prove vostre quel sia el fructo.
E benchè el non se possi el gran contento
    Haver della vetoria senza sangue,
    Sol nel fugire, o militi, è el tormento.
Non è nella militia el più tristo angue,
    Che el fugir certo, e più spietata sorte,
    Perchè nel facto e poi sempre se langue.
Qual gloria fù la vendicata morte
    Nel stuol de Xerse al forte Leonida
    Cum propia mano e ai quatrocento forte
Et quanta infamia a Xerse senza guida
    Fù el vil fugir, et hogi più che mai.
    In ogni istoria tanta viltà grida.
Sol nel fugire è el vituperio e guai
    La morte e la ruina d'ogni regnio
    Cum Alexandro o Dario in campo el sai.
Acto veracemente d'uno hom degno
    Fù quel de Zenophonte, e quivi aprillo
    D'alta philosophia el suo petto pregno:
Che poichè la novella hebbe de Grillo,
    Figliuol dilecto a lui de virtù cinto,
    Nulla cambiò l'aspecto suo tranquillo,
Perchè sacrificando ello in Corintho
    Hebbe la nova, che in battaglia morto
    Era el figliuol, d'ogni viltà discinto,
Como hom prudente al sacrificio acorto
    Altro non fe', se non che allor depose
    De testa la corona; e poi gran torto

Li parve far per l'opre virtuose,
   Che havea el figluolo oprate, e però quella
   Lieto nel capo sopra se ripose.
Como nel ciel la matutina stella
   Reluce insull' aurora, cusi al mondo
   De chi more in battaglia è sempre bella
La fama, oprando lui mirabil pondo
   Contra i nemici, e chi in victoria vive
   Sempre ha el pensier dell'animo giocondo.
Ma certo avante, che a tal ben se arive,
   Oprar bisogna or quel, che pel passato
   Haveti alle stagion gellide e estive.
Io non ve ho gia ste cose ricordato
   Perchè io me credo, che le mie parole
   Ve aprin l'orechie e'l petto a gloria alzato,
Perchè virtù dell' animo quel vole,
   Del qual in voi ne sento tanto e vegio
   Che ognuno extimo per forteza un sole,
Ne cum voi certo existimare io degio,
   Se non vetoria; adunqua stati ardite
   Che el venir di nemici fia ellor pegio!"

Begnadigung des Giovanni Malatesta in Montefiore

Fol. 130b.

Indi poi el facto al suo pensiero agionto
   Fortuna favori l'alto disegno,
   E quel castello, ad ogni affanno pronto,
Per vera astutia, cinta d'alto ingegno,
   A un tacto se hebbe cum la rocha insieme.
   Ladove el Conte de clementia pregno,
Al quale dei grandi ogni sciagura preme,
   Al figluol de Sismondo ogni clementia
   Usa. E quel nante a lui suspira e geme
Sola expectando el giovine sentenza
   Crudel contra de lui, e al vincitore
   Avante stava in summa reverenza.
O ver pietoso e magno imperatore,
   Che non sostenne el caso acerbo e strano,
   Ma quel deterra alzando i fece honore.
Quantunque el Cardinal dicto Thiano,[1]
   Legato in campo, retenere el vole
   Et essere sopra lui non tanto humano;

---

1) Niccolò Forteguerra v. Pistoja.

Ma el Conte irompe in boccha le parole,
   Dicendo: „a cui fortuna ognihor percote
   Condele è chi tal caso non li dole" —
Poi el giovine ricomforta quanto puote
   Et in persona acompagniol fin dove
   Era sicuro, e delle instabil rote
Gli disse de Fortuna, e quanto piove
   Sopra i mortal miseria sovente,
   E li gran stati spesso qual rimove,
Et tanto confortol pietosamente
   Che nelle man non esser del nemico
   Gli pare, ma d'un patre diligente
E de pietate un vero unico amico.

Una disputa della pictura
Andrea Mantegna

Fol. 311a—312a.

Poi risguardando el sito e la belleza
   De sì gran terra¹) e poi dell' ampia corte²)
   Hebbe al mirar grandissima dolceza
Le mirabil picture e excelsa sorte
   Dell alto ingegno e chiar de Andrea Mantegna,
   A cui el ciel de gratia aprì le porte
Nella pictura sì excellente e degna
   La qual fiorisce in questa illustre etade
   E vie più che altri Andrea porta l'insegna
De sua excellentia e grande auctoritade.
   El Duca adunqua, qual solemne opifice,
   Quelle picture in tanta dignitade
Considerando del valente artifice
   Laudava cum bon termine e extollea
   Cum sue parole e laude magnifice. —
Et certamente la natura Andrea
   Doctò di tante excelse e degne parte,
   Che gia non so, se più doctar potea;
Perchè de tucti i membri de tale arte
   Lo integro e chiaro corpo lui possede,
   Più che huom de Italia o delle externe parte.

---

1) Mantua, wo Herzog Federigo sich 1482 bei den Gonzaga aufhielt, che der ferraresische Krieg begann.

2) Castello di Corte heifst noch heute der ältere herzogliche Palast, wo sich auch die Camera de' Sposi mit Malereien Mantegnas befindet.

Trovasi ben tallor chi in una excede
   Alcun grande huom, ma qual consydra bene,
   Como l'opere sue a noi dan fede.
Vedrà, che primamente lui si tiene
   El gran disegnio, vero fondamento
   Della pictura; e in lui secondo viene
De inventione un lucido ornamento,
   Tal chè, se spente fusse e morte in tucto
   Le fantasie, secondo io vedo e sento,
Foran rinate in lui cum tanto fructo
   De chi, subcede e vien de drieto ad ello,
   Che posse senza affano essere instructo.
Nè mai huom prese o adoperò el penello
   O altro sul[1]), che de l'antichitade
   Cum tanta verità fusse quant'ello
Chiar subcessore, nè cum magiur beltade,
   E se'l dir non è troppo, el lor avanzi,
   L'excede tucta quella vetustade;
Per cui io el pono a tucti quanti innanzi.
   Poi diligentia e vago colorire,
   Cum tucti i termini suoi e varij distanzi,
Moventia de disegnio, e fà stupire,
   Qualunque i scorti suoi vede e remira,
   Che ingannan l'occhio e l'arte fan gloire.
La prospectiva, qual drieto se tira
   Arithmetrica e insiem Geometria,
   E l'alta Architectura a lei se invia.
Cum quanto ingegno in huom possibil sia
   Reluce e splende, exprime in gran concepti,
   Ond'io stupisco innella mente mia.
In summa quel, che molti alti intellecti
   Nella pictura excelsa han dimostrati,
   Reluce in lui cum sui termin perfecti.
Nè pretermesso ha ancor cum dolci e grati
   Modi il rilevo, per che alla sculptura
   Mostrar quanto i dea el cielo e i dolci fati.
Dunque meritamente la natura
   De lui se pò lodare, e chi el promosse
   Alla militia per sua gran pictura,[2])
Da honesto zelo e gentil cor se mosse,
   Per ricoprir l'infamia dei moderni,
   Che ad avaritia lor mente en percosse.

---

1) Er meint wohl den Grabstichel und spielt also auf die Kupferstiche Mantegnas an.
2) Mantegna wurde von seinem Fürsten in den Ritterstand erhoben.

Die Malerkunst

Fol. 312a—313a.

Più cose son ch'al mondo fanno eterni
    El nome a li mortal: le Letre imprima,
    Che son fondate in tanti saldi perni;
Ma queste due par che alzin l'huomo in cima:
    La Poesia e la Historia, in cui se canta
    De ognuno che fare sen' puote alcuna estima,
Poi la Sculptura e la Pictura tanta
    Perserva la presentia dei mortale
    E immagin vera d'ogni nobil pianta,
Le cui due arte quanto sieno e quale
    De ingegno e di gran studio ardisco dire,
    Che insino al ciel bisogna spiegar l'ale.
Et quale è quel, che voglia contradire,
    Che l'antigraphice arte over disegno
    Non facci ogni mestier quinci fiorire.
Qualunque parte n'ha più ch' altro e degno
    Nel suo mestier, ne pò lo agricultore
    Senza di lei servar termine o segno,
Che adunque è dei moderni tanto errore
    Si universale acuta e gran scienza
    Laude non dare a lei e debito honore.
Guarda el culto divin di costei senza,
    Che nulla vale l'architectura e sotto
    A tal doctrina è singular semenza.
Un capitan dell' arme, quanto è docto,
    Più de disegno el suo campo diparte,
    E meglio alogia in suo salvo ridocto.
Ma tornando al alteza de tale arte,
    Legi gli antichi, in quanto grado e honore
    De sua excellentia alzar ciescuna parte,
Plinio n'è testimon pria pien de ardore
    Vitruvio anco e' l diffinire ancora
    Di Eupompo in Macedonia, huom di gran core,
El qual volea, che de excellentia fuora
    Ogni arte fusse al mondo senza lei, —
    E'l secul nostro tanto la divora,
Che una tale dote, infusa dagli Idei,
    Fra le mechaniche arte voglion porre,
    Ingrati, iniqui, sconosciuti e rei!
Chi è quel, che possa le gran laude torre
    A Prospectiva, alta scienza acuta?
    Più che Geometria e più ampla corre

Costei in propria forma e lei trasmuta,
  In scorto ogni figura poi reduce.
  Ne in terra in altro secul più veduta,
Et si perfectamente hogi reluce,
  Che como scorge la vertù visiva
  Perfectamente in disegnio reduce.
Hor tal scienza, dicta Prospectiva.
  Forsi è a dir, che cum ragion non prova,
  Da qual chiar senso e gran vertù deriva,
Et benchè el fiu di lei l'huom non si trova
  Pur è della pictura membro intero
  E invention del secul nostro nova,
Et qual discerne over comprende el vero
  Vedrà, difficultà vi è ancor magiore
  Nella pictura e cum più magistero.
Chi serà quel, che possi el chiar colore
  Lucido e trasparente de un Rubino
  Contrafar mai o el suo vago splendore!
Chi è quel, che possi el sol in sul mattino
  Dipenger mai, o un specchiar dell' acque
  Cum fronde e fior vicini al lor confino!
Qual mai sì excellente al mondo nacque
  Che un bianco giglio facci o fresca rosa
  Cum quel bel pur ch' a natura piacque?
El paragon se trova, ove ogni cosa
  Vinta riman ne si può causare
  Al paragon sufficiente chiosa.
In summa in ciò, che fa, cerca ingannare
  All' occhio la pictura, e quel, che è piano,
  Tucto rilevo al senso dimostrare,
Et ciò, che la natura per lontano
  O d'appresso dimostra, cum chiar stile
  Fingere e dimostrare al senso humano.

Die Künstler des Quattrocento

Fol. 313—315.

Nella cui arte splendida e gentile
  Nel secul nostro tanti chiar son stati,
  Che ciescum altro far parer pon vile:
A Brugia fu fra gli altri più lodati
  El gran Jannes e'l discepul Rugiero,
  Cum tanti di excellentia chiar dotati;
Nella cui arte et alto magistero
  Di colorir son stati sì excellenti,
  Che han superati molte volte el vero.

Ma in Italia in questa età presente
   Vi fù el degno Gentil da Fabriano,
   Giovan da Fiesol, frate al bon ardente,
Et in medaglie e in pictura el Pisano,[1]
   Frate Philippo et Francesco Pesselli,
   Domenico, chiamato el Venetiano,
Massaccio et Andrein,[2] Paulo Ocelli,
   Antonio e Pier sì gran designatori,[3]
   Pietro dal Borgo,[4] antico più di quelli,
Dui giovin par d'etate e par d'amori
   Leonardo da Vinci e'l Perusino,
   Pier della Pieve, ch'è un divin pictore,
El Ghirlandaja, el giovin Philippino,
   Sandro di Botticello, el Cortonese
   Luca, de ingegno et spirto pelegrino.[5]
Hor lassando di Etruria el bel paese,
   Antonel de Cicilia,[6] huom tanto chiaro,
   Giovan Bellin, che sue laude en distese,
Gentil suo fratre, e Cosmo[7] cum lei al paro,
   Hercule[8] ancora e molti ch'hor trapasso
   Non lassando Melozo[9] a me sì caro,
Che in prospectiva ha steso tanto el passo.[10]
   Possa in sculptura l'alto Donatello,
   Como el dimostra el bronzo e'l duro sasso,

---

1) **Vettor Pisano**, genannt Pisanello. Er war in Urbino sehr bekannt: der Hofpoet und Sekretär des Herzogs, Angelo Galli, hatte 1442 zwei Sonette auf ihn im Auftrage des Ottaviano Ubaldini gedichtet. Sie sind bei Dennistoun, Memoirs of the Dukes of Urbino, I. p. 416 f. fälschlich als Gedichte des Ottaviano selbst gedruckt, obgleich sie in der Hds. der Vaticana (Urb. lat. 699 fol. 179) durch die Überschrift „per parte del Mº. S. Octº. al Pisanello pictore 1442" deutlich als Eigentum Gallis bezeichnet sind, von dem auch die Liebessonette für Federigo herrühren.

2) **Andreino degli Impiccati** ist Andrea del Castagno.

3) **Piero** und **Antonio del Pollajuolo**.

4) **Piero della Francesca**, v. Borgo S. Sepolcro.

5) **Luca Signorelli** v. Cortona.

6) **Antonello da Messina** (Sicilia).

7) **Cosimo Tura**, genannt Cosmè von Ferrara; der Name am Rande der Handschrift ist vom Autor eingeschoben.

8) **Ercole di Roberto Grandi** von Ferrara.

9) **Melozzo degli Ambrosi**, da Forlì.

10) Hat man bei den Niederländern darauf aufmerksam gemacht, dafs hier Justus von Gent, der in Urbino gemalt, garnicht erwähnt wird, so mufs es hier auffallen, dafs von umbrischen Malern weder Niccolò da Fuligno, noch Benedetto Buonfigli von Perugia, oder Fiorenzo di Lorenzo genannt werden, ebenso in Bologna weder Francia noch Costa.

El vago Desider,[1] sì dolce e bello,
　　Messer Jacopo, detto della fonte,[2]
　　El buon Vechietto,[3] el Rossellin cum quello,[4]
Victorio di Lorenzo;[5]) — el chiaro fonte
　　De humanitade e innata gentileza,
　　Che alla pictura et alla sculptura è un ponte,
Sopra del quale si passa cum destreza,
　　L'alto Andrea del Verochio, e Andrea ch'a Roma[6]
　　Sì gran compositore è cum belleza;
Antonio Riccio, el qual tanto se noma,[7]
　　Et in basso rilevo el chiar Senese,[8]
　　Summo architecto cum sua degnia chioma;
Ambrosio da Milan, di cui en palese
　　Sì mirabil fogliami, ond'egli aguaglia
　　Gli antichi in ciò cum le lor mente acese.[9]
Hor de chi pinse sculpse, pinse et intaglia,
　　L'opre nel mondo ongbor se vede e mira,
　　El nome loro in quanto grado saglia.
Qual dunque è quel, che non se accendi in ira
　　Se ha fior de ingegno, chè sto secul vile
　　Non l'alzi quanto è el merto, che se tira.
Fra i Greci solo a nobile e gentile
　　Era concesso un sì chiaro exercitio,
　　Molti Philosophanti usar tal stile,

---

1) Desiderio da Settignano.
2) Jacopo della Quercia oder della Fonte (gaja), v. Siena.
3) Lorenzo di Pietro, bei Vasari Vecchietta.
4) Rossellino, Bernardo oder Antonio Gamberelli?
5) Vittorio di Lorenzo Ghiberti. Seltsamer Weise nennt er den berühmteren Vater Lorenzo Ghiberti nicht, und vergisst auch Luca della Robbia. Von Vittorio ist aufser der Thüreinfassung an der Südseite des Baptisteriums zu Florenz wohl auch der schöne Bronzesockel des Idolino in den Uffizien, vielleicht auch die Bronzebüste Dantes zu Neapel.
6) Andrea Bregnò; vergl. meinen Aufsatz „Meister Andrea" im Jahrbuch der Königl. Preussischen Kunstsammlungen 1883.
7) Antonio Rizzi, der venetianische Bildhauer, der besonders durch die Statuen des Adam und der Eva im Hof des Dogenpalastes bekannt ist.
8) Dieser „chiaro Senese" ist Francesco di Giorgio, den Giovanni Santi an einer andern, in der Handschrift überklebten, Stelle ausführlich preist. Auch hier ist der Name zu „Schiose" entstellt, offenbar in derselben Absicht eines feindseligen Besitzers des Manuscripts, von dem auch sonst zahlreiche Interpolationen herrühren. (Vergl. die Stelle über Cecco di Giorgio in meinem „Melozzo da Forlì" S. 351 f.)
9) Ambrogio da Milano hat die schönen Thüreinfassungen im Schlosse von Urbino, am Dom zu Spoleto u. A. gearbeitet. Vgl. S. 96.

   Et perchè l'è una porta e chiaro initio
    A risarcir l'ingegno, era per legie,
   Che i padri ai lor figliuol nel caro ospitio
  Imprender fesser, como ancor se legie,
    L'antigrafice: e a Roma Scipione
   Et Cesare anco e molti di chiar gregie
  Fuor dotti in ciò e sepper sua ragione.
    Ai nostri dì lo antico Re Raniero
   Depinse, e a molti chiar lui se propone.
  Queste cose habiam detto cum sincero
    Animo alla Pictura, e per laudare
   Meser Andrea, che in ciò tien lo impero,
  Che sea el Duca d'Urbin in se restare
   Istupefacto allor quando el vedea
    Le sue picture et arte singulare.

Antonio da Ferrara

S. M. della Misericordia, Libro Entrate & Spese 1390—1445

1435 a di 7 di Marzo: Da M^{ro} Antonio da ferara pentore sta in lauagine a di ultimo de marzo e per lui da Ser Alberto da Caftello e per fer Alberto da mefser felitiano di Marino lire cento de boñ per parte de l'acordo fatto cum M^o. Antonio de la vendita de Antonio de Severo.[1]) (Fol. 135a.)

1437. Da M^o. Antonio da ferara adj dicto (21 d'aprile) e per luy da Ser Aquisto e per Ser Aquisto da nicolo de ciarlino l dictj per parte de quello a dare al memoriale a. c. 48 .... (Fol. 147a.)

1437. Da M^o. Antonio de guido gia da ferara depentore adj 12 di maggio lire doie idicti per luy da Ser Aquisto .... (Fol. 147b.)

1437. Da M^o. Antonio gia da ferara depentore adj 11 di novembre e per luy da messer filiziano de marino ducatj quaranta vno de bol. 40 per duc .... (Fol. 151.)

1438. ultimo octobre ähnlich. . Fol. 156a.

„ Da M^o. Antonio da ferara adi 10 di dicembre lire quatordici ,ʃ. nouc. (Fol 157.)

1439. adi pmo de novembre.

Da Mefser feliziano de marino ducj dece de bol. 40 luno cio e ducj 5 per grano de ñ fraternita piu tempo fa e ducj 5 contantj i dictj per resto de ducj 51 promise per m° Antonio da ferara, al Memorial e a. c. 48. (Fol. 161b.)

---

1) Antonio di Severo war nach Pungileoni, Elogio Storico di Timoteo Viti, Urbino 1835 p. 85 Schwiegervater des Antonio da Ferrara, der übrigens sicher identisch ist mit dem urkundlich daselbst erwähnten: „Mag. Antonius Guidonis Johannis de Becchis pictor de castro Abbatiae Polesinae de Rovigo (also Angehöriger von Ferrara) ad praesens habitator Urbini." Dagegen wird er nirgends „Alberti" genannt.

Fraternità Corpus Domini.
1440 Marzo: 1 Schattola depenta da m̄ro Antonio depentore ....
Sein Altarwerk aus S. Bernardino, jetzt im Istituto di Belle Arti No. 32—44 ist bezeichnet ANTONIVS DE FERARIA P. 1439. Nach Baldi hatte er die Kapelle de' Signorini in S. Francesco zu Urbino ausgemalt.

S. M. della Misericordia.

Bau der Kapellen und andrer Räume des Hospitals durch Maestri Comaschi u. A.

1427 30. Sept. A m⁰· francescho de Stefano petraro ducati diece a bol. 40 per duc. per parte della capella de fare (fol. 80ᵇ).
- M⁰· donato da como, muratore, fol. 80ᵇ; noch fol. 114 anno 1432.

1428 Aug. M⁰· Jacomo da como... fol. 87ᵇ, fol. 96ᵃ 1429, Okt. und 1430, fol. 120: 1433.

1428 Nov. M⁰· Antonio da como fol. 89ᵇ noch fol. 113: 1432 Aug.

1432. M⁰· Giovannj di Mafeo da lugano fol. 114ᵃ.

- Maffeo di Giovannj
- Stefano di Giovannj da Como   } fol. 114ᵃ
- Alberto de M⁰ Jacomo da Como

1434. Mai; Juni: M⁰· francescho petraro da mondicorbe bñi doi per parte de gl'altari fa in le capelle. fol. 127ᵃ

„   Juli; Aug.: M⁰· francescho de matheo de tura de mondecorbe lire quatordece ,ʃ. tre in tre poste per parte de la petra del altare de vna dele nostre capelle.

1438. A M⁰· Francescho de Candia petraio adj. 21 de setēbre ʃ. dodice per luy paulo de brizio e giovannj de boncio, i dictj per parte de pagamento de le petre dela citerna. fol. 155ᵃ. Ahnlich fol. 156ᵃ.

- ultimo octobre: A m⁰ Francescho petraro di candia lire seie ,ʃ: quatro per resto de petre avte da luy ouero doy becatellj da camino, quatro vigialj da fenestre, vno aquaio per la camera de la chiara, per la camera noua et per le cornigie de la citerna de lospidale & vno aquaio grande per la sala de lospidale per vno bregno per dicta citerna & vno aquarulo per la camera de Tonto de pelingoto, in tucto montaro £. 8 ,ʃ. 16 di quali na autj como apare desopra in dole postj £. 2. ,ʃ 12 val. £. 6 ʃ 4. (fol. 156ᵇ)

„   M⁰· Gianone aricamadore fta in lauagine piu tempo fa ... fol. 156ᵇ ebenso auch 1442, 1443, 1445. (Libro Entrate e spese 1390—1445. Ein folgendes Buch für die Jahre 1446—1462 ist offenbar verloren, schon Pungileoni kennt es nicht mehr.)

Ausmalung des Audienzzimmers, Holzintarsien etc. (Libro Entr. e Spese 1463—(1474).

1464: Franc⁰· de giovannj (nostro dipoxitario) de hauere ...
E a dj 22 del dicto (marzo) bol. vintedoi contanti per noi a piero depintore dareggio per parte de quello de hauer danoi per sua fatica de depignere in la nostra audientia noua (fol. 21ᵃ·).

- E. a dj dicto (24 d'aprile) bol sej contanti per noj a mro piero depentore per parte de quello de hauere da noj per che depingne & ha depignere laudientia nostra. (fol. 25ᵃ)

Im Libro „Ricordi 1456—1464" heifst es fol. 79b ebenso:

A di 21 del dicto (março) 1464 . . .
Item pagate a piero depintore da reggio blj vintedoj per parte de quello de hauere per depingere in la nostra audientia noua und ebenso 24. April: sei bol.

1464: E a dj 21 del dicto (luglio) fiorinj doj contanti per noj a frate Jacomo da Venesia per parte de quello de hauere da noj per depingere laudientia noua. (fol. 32 a.)

— Franco. de giovannj nostro dipositario controscripto de hauere adj 22 de luglio 1464 bol. trenta contanti per noj a Giovannj de Vincenzo per sej once de Azurro comprate da luj per depingnere laudientia noua.

E a dj dicto bol trentuno contanti per noj a franco de f. nicolo per lib. vna dendico comprato da luj per depingere la nostra audientia noua.

E a dj dicto bl. trentanoue contanti per noj a pier paulo da pesaro per endico comprato da luj per depingere laudientia noua. (fol. 34 a.)

— (d'octobre). E a di 20 del dicto bol'. quaranta contanti a frate Jacomo da Venitia de lordine de fan Domenico per parte de quello de hauere de quello ha lauorato a laudientia noua. (fol. 37 a)

— (novembre). E a dj 24 del dicto bol. trentadoj contanti per noj a fra Jacomo da Venesia de lordine de fan domenico per resto de quello de hauere per depignere laudientia noua . . . (fol. 39 a)

1467—69. Jacomo lombardo, muratore. fol. 98 ff.

1468. Giuliano lombardo, muratore. fol. 110.

1469. Berto da como, muratore. fol. 113.

1470. luglio. E de hauere blj quaranta contantj . . . a mo franco da Arimino depentore per parte de quello luj de hauere per depentura de cantenelle per lospidale sino adj 28 del dicto. (fol. 175 a)

1473 Februar, werden die Fenster der Audientia eingesetzt.

— E de hauere fiorini sette e blj octo contanti per noi a mro Jacomo fiorentino mro de tarfie per parte del lauoro dele bancate de laudientia & per luj a guido de mengaccio, sino adj X de giugno 1473.

„ September: E a dj del dcto lbr. quatordice ʒ. dodice contanti per noi a mro. Jacomo fiorentino per parte de quelle luj de hauer per lo cotimo de le banche de laudientia. (fol. 259.)

„ E a dì 20 del decto (fetembre) fiorinj cinque doro contanti per noj a mro Jacomo fiorentino per parte del lauoro de laudientia. (fol. 260.)

1474. Gennaro. E adj 5 del dcto bol. quaranta noue contanti per noi a mro Jacomo fiorentino mro de legname per resto de quello lui de hauer & per lui a Checho per panno da Fco. Genge ebbe per luj da Gasparre buffj.

E adj dco bl' sei contanti per noi a Zandro fiorentino mro de legname qli li fe buonj per lo dcto mro. Jacomo per lo dco panno. (Dieser Zandro fiorentino arbeitet kurz vorher im Spital S. Sergio.)

Libro Entrate e Spese 1488—1522.

1489. Agosto 25: E a dj dicto lire octo de bol. contantj a Giovannj de Antonio scarpellino per li figliolj de mro Antonio e de mro Martino da val de lugano, como apare . . .

1489. M⁰ Antonio de bongino da come, M⁰· Stefano suo compagno (lombardo) für Bauarbeit. (fol. 41.)

1491. April. M^ro· Giovannj d'ant⁰ da valle de lugano e per luj a m ro Ambrogio scarpellino. (fol. 89.)

Ambrogio da Milano, welcher an dem 1475 vollendeten Grabmal Roverella zu Ferrara mit Antonio Rosellino zusammen gearbeitet hatte, ward dann im Schlofs von Urbino besonders bei den marmornen Thüreinfassungen und Kaminen beschäftigt, und ist 1494 Zeuge beim Testament des Giovanni Santi, der ihn in seinem Epos bewundernd lobt. Er wird schon 1487 (Sept. 22) zu Urbino in einem Aktenstück genannt (Pungileoni p. 136).

Evangelista da Pian di Meleto,

Schüler des Giovanni Santi und Genosse des Timoteo Viti.

"Evangelista Ser Andreae de Castro Plani Meleti famulus Joannis Sanctis pictoris de Urbino." (Pungileoni p. 136 wo indefs 1493, ottob. 16 zu lesen ist.)

Libro Entrate etc. 1506 ff. im Archivio di S. Francesco.

1507, giugno. Et a di 21 fo dato el panno per la morte de un figliolo de m⁰. Vangelista depintore . . . . (fol. 31ᵃ)

„   giugno 26 für Wachs. (fol. 44 ᵃ·)

„   giugno: Et a dì 21 de giugno 1507 fo venduto vna sepultura a M⁰· vangelista depintore . . . . nela quale sepeli vno suo figliolo . . . . (fol. 61 ᵇ·)

Libro vel summa Fratruum Fraternitatis Corporis Cristi de Urbino 1514—1565.

1514 prmo de marzo.

    fol. 3 ᵃ· Simon de ciarla (Raphaels Oheim).

   „ 3ᵇ· Rafaello de g⁰· de fantj depentore.

   „ 4ᵃ Giovan batifto de simon de ciarla, bis 1545. †

   „ 5ᵃ· Vangelisto depentor de pian de meleto, 1526—32. Dann Vangelista de giovannj de fanti 1537—1546. — Mori a dì 18 Genaro 1549.

1515 malt er Wappen del p. ministro für S. Francesco.

1518. E de dar per doi angioli grandj e per nouj armj ducale e daltro sortj cioè de madona e del cardinale e veceduca e del tesaurier e de la comunita, e vno friegio grande per la porta de fora, fate depegniare a m⁰· vangelisto e m⁰· timoteo, monta dictj lavori uno fiorino, non ano voluto mancho. (Vgl. hierzu Pungileoni, Elogio di Timoteo Viti p. 50. Anm.)

1518. Marzo 24. E adi dicto bol'. dieci pagati a m⁰· vangelisto depentor per auer depento cinque teste de morte e tre epitafie per atacar in dicti panni neri. (Libro Spese, Frat. Corp. Dom.)

1525 M⁰ Vangelista depictore Cittad⁰· de Urbino (hat seine Bottega im Borgo de la Vergine fol. 7ᵇ· d- Libro Entroito et Esito v. S. Francesco).

1528. Mai 1: M⁰· Vangelista e m⁰· Octaviano depintorj in solidi debano dar al C¹⁰· de fan franc⁰· de Urbino fiorini tre, sono per conducta de vna botegha sotto la chiesa (incominzando a di p⁰. de magio 1528 e finiendo como segue. (Libro de' conti 1528.)

1529. M⁰. Evangelista & Octaviano de contra sono creditori in sino 19 de febraro 1529 de fiorino uno de bol' sei sborsatj. Aehnlich 17. Sept. 1529.

Angelo Galli

Cod. Urb. lat. 699 pergam: fol. 1—7 Tabula der Gedichtanfänge (f. 8 weifs).

„ fol. 9ᵇ In Hoc Codice Continentur Rithmi Ac Cantilenae Materna Lingua Compositae Splendidissimi Ac Eloquentissimi Equitis Domini Angeli Galli Urbinatis, Secretarii Illustrissimi Ac Invictissimi Principis Federici Ducis Urbini Et C.

„ 10ᵃ Randverzierung; unten das Wappen F ( ) D.

DE POTENTIA AMORIS

Zum Teil stehen biographisch-chronologische Notizen von der Hand des Schreibers am Rande zur Datierung der Gedichte, deren Entstehung darnach zwischen 1428 und 1443 fällt. Interessant sind die Überschriften:

„ 13ᵇ Per l'amorosa del s. mio Berar(dino) chiamata Genevera da Milano, qual faceva segno de retrarse dal suo amore (also noch im Dienst des Berardino Ubaldini della Carda?)

„ 16ᵇ Per lo prefato S. essendo la sua amorosa andata a Pesaro.

„ 17ᵃ Per lo J. S. F(ederigo) per uno drapigello et una spiletta donata da la sua amorosa.

Per lo prefato S. F. per la partita della sua amorosa.

„ 21ᵇ Per lo Ill⁰ S. Miser Federico parendoli che la sua amata havesse preso in se qualche desdegno.

„ 25ᵇ Pro eodem essendoli stati mandati da la sua amorosa doi garofoli legati cum uno fil d'oro.

„ 27ᵇ Per lo J. S. F. havendoli mandato una sua amorosa una verghetta contro el dolore del capo perche havea tocco el capo de San G. Bapt.

„ 42ᵃ Havendo colto la sua amorosa in un bosco et hora dolendosi che la sia lontana.

„ 43ᵇ lo J. S. F. sentendo che la sua amorosa era per maritarsi, da la quale poco inanzi haveva riceuto el nome suo scripto de sua mano. ·

„ 45ᵇ Per lo Ill.ᵐᵒ S. Malatesta amorosa chiamata Lena (che apare nel ult.ᵃ parola del primo verso fu facto ad Asise intendendo che la S. sua andava a marito.

„ 47 Pro eodem D. F. Februarij 1443.

„ 48 Per una giovene senese mutuamente amava el mio J. S. F.

„ 57 Pro eodem, qui habuit amatam suam in manibus sed victus precibus ejus dimisit eam.

Canzon per Mᵃ Costanza da Varano dallo J. S. Alex⁰. Sforza.

a/E. (207ᵇ) Divo Princ. Federico Federicus Veteranus Urbinas Transcripsit.

Frühlingsgefühl

Ombrose selve e fronde alte e superbe
 Degli antiqui cupressi abeti e faggi
 Prati, pian, monti, valle, colli e piaggi
 Che revestiti vanno i fiori e l'herbe
Voi siete stati morti ai tempi acerbe
 Del inverno, che furon i grandi oltraggi.
 Ma hora per vertù di solar raggi
 Convien che vostra vista el verde serbe.
Così me par, che questo dolce tempo
 Amor facto più valido e possente
 Rescalda el pecto più alla donna mia,
Che fussel almen stato più per tempo,
 Che durando mill' anni el ben presente
 Serebbe assai, ma non quanto io voria.

Siena

Quella città, che'l nome ha d'una vecchia
 E porta per divisa el nero e bianco,
 Non me vedero mai d'amarla stanco
 Anzi amor cresce quanto più s'invecchia
Italia tutta non ha la parecchia
 De belle donne e forsa el mondo anco,
 Perchè vi sta la mia dal viso bianco,
 In cui ogni altra per stupor se specchia
Bene è crudel quel mondo che non anda,
 La valle che non sorge per vederla
 Le selve che non saltano le mura;
Ma più crudel è dentro Branda Fonte
 Che per toccar sì bella creatura
 Non manda l'acqua sopra la Posterla.

Antonio da Mercatello

Cod. urb. 785 fol. 43^b.

Liebe

Chi fama ha data agl'hominj valentj,
 Se non, che da principio è stato, Amore!
 Chi fe'l Petrarcha Danti sì eloquentj,
 Se non Cupido? Chi fè havere honore
 Et Salomon, Vergilio prudenti;
 Che mai in gioventù gl'usti del core
 Dii degli antichj et poi del tempo nostro
 Non troveria tanta carta et inchiostro.

Sündenfall

El primo che chaschasse in tal pechato
Si fò Adamo, che peccò con Eva;
Benchè da Dio li fosse vetato
Luj fè quel che la natura i deva,
Et como el dolce fructo ebbe gustato,
Ben spesso spesso mangiar ne voleva.
Et sè Adamo non obedi a Dio,
Che dè far quello et quell'altro e io?

Mario Filelfo

Urb. lat. 702 (pergam. kl. fol.).
   fol. 1ª (in gemalter Randleiste) Jo. Marli Philelfi Doctoris | Equitis Et Poetae Praefatio | In Martiadem Ad Ill. Atq. Incly. | Principem Fiderycum De Mon | teferetro Comitem Urbinatem Dignis. Herculem. Lib. I 1—39. Lib. II 39—74.
   fol. 75 Cançon Morale Di Mario Philelfo Al Il. Et Magnanimo Principe Fideryco De Montefeltro Capitanio Regale Conte Durbino Etc. Dignissimo Hercule.
a/E. (fol. 80ᵇ) Mutinae 16°. Kals. Aprilis
                    1464

Urb. lat. 1183 (perg. 8°.).
   fol. 1ª Marii Philelfi Artium Et Utriusque | Juris Doctoris Equitis Aurati | Et Poetae Laureati Epithalamion Pro | Illustribus Clarissimisque Princi | pibus Robertho Malatesta Ari | mini Domino: Elisabethaque Feretrana Illustris. Ducis Urbini Frederi | ci Filia. Ab Autore Arimini Habitum. — (84 Bll.)

Porcellio de Pandoni

Urb. lat. 709 (pergam. kl. fol.).
   fol. 1ª Divo F. Monfeltrio. Cl. Mil. Imp. Et Pr. Op. Porcelius Poeta Laureatus .. DE LAVDE POETICA.
   fol. 3ª (Randverzierung und Initiale, mit Wappen F. ( ) C. Miniatur.) Clarissimi Militi(a)e Imp. Federici Monfeltrii Gesta Pene Divina Per Ill. Virum Porcelium Poetam Laureatum Incipiunt. — fol. 53ᵇ (die sogen. Feltria).
   fol. 53ᵇ Div. Baptistae Sfortiae De reditu Viri ab hoste triumphato.
   fol. 55ª Octavio Ubaldino Vatum Deo Et Amicorum Principi Porcelius Poeta Fel.
   fol. 55ᵇ Ex luco prope pestilentem Anchonam. De summa auctoritate et fide Federici Monfeltrji principis apud divum Pium. — 64ª.
   fol. 64ª Octavio Ubaldino poetarum cultori diligentissimo De divi Pii deificatione et munere lyrae vati Porcelio redditae.
   fol. 66ª Epitaphium Pii Pont. Maximi.
   fol. 66ᵇ Ad lectores. Cantus musarum sub lyra phoebi propter reditum divi Fed. et dive Bap. coniugis ad suos Urbinates.
   fol. 67ª Diva Baptista Sfortia Divo Fed. monfeltrio Marito lepidissimo.

fol. 67ᵇ Diva Bapt. Divo Fed. coniugi dulcissimo.
fol. 68ᵃ Porcellius poeta Divo Fed. domum reducto uxoris carminibus.
fol. 70ᵇ Ampl. p. Hie; Staccola presuli urbinati. (Ende fol. 71ᵇ.)

Cristoforo Landino

Urb. lat. 508 (pergam. fol. 1—199ᵃ) Innenseite des Umschlages zeigt in Gouache gemalt das Porträt Federigo's und das des Criftoforo Landino einander gegenüber in einer Fensteröffnung, über deren Brüstung ein Teppich heraushängt.

fol. 1ᵃ mit Miniaturverzierung, in goldenen Majuskeln:
Christophori Landini Flore(n)tini Ad Ill^{mum} Federicum Urbinatum Principem Chamaldulensium Disputationum Liber Primus Contemplatio An Actio Preferenda Sit Feliciter Incipit.

fol. 165ᵃ heißt es: ab ea quam Saturniam stellam nominant raciocinandi et intelligendi, a Jove agendi, a Marte audendi vim abducit. Sol vero ut sciat etiam illi concedit. Mox a Venere excepta desiderij motum mutuatur. Inde per Mercurij ac Lunae celos descendens, ab illo pronuntiandi interpretaudique, ab hac plantandi et augendi vires acquirit.

Lodovico Carbo

Urb. lat. 1195 (perg. 8°.).

fol. 1ᵃ min. (Randverzierung mit Wappen Federigo's und dem des Verfassers seitwärts unten) In Goldmajuskeln:
Illustri & Pote(n)tissimo Pri(n)cipi Divo Frederico, Montis Feltri, Urbini Durantisq(ue) Comiti, Armorum Ductori Imperatoriq(ue) Fortissimo Lodovicus Carbo Salutem Plurimam Dicit. (Initiale mit dem Bildnis des Verfassers.)

fol. 3ᵃ Lebensweise des Fürsten
Peractis sacris Aristotelicae lectioni operam das, ei potifsimum parti quae de moribus et bene instituenda vita pertractat. Non enim ad virtutis perfectionem satis est innata prudentia, nisi artificiosa doctrina muniatur. — Aristoteli Ciceronem adjungis: o bona societas, o praeclarum consortium Aristotelis et Ciceronis. Nam cum Aristoteles solum doceat et probet, Cicero magis amplificans et docet et monet, impellitque animos nostros exemplorum copia. — Post haec civibus omnibus conveniendi tui copiam, tecumque loquendi potestatem facis: aut stans, aut per urbem deambulans, offensorum querimonias attentissime benignissimeque audis; aut consolaris aut consulis, aut re ipsa juvas; neminem a conspectu tuo triftem discedere pateris more Vespasiani Titi. Deinde sumpto cibo, curatoque corpore, nun ad voluptatem sed quantum naturae necessitas postulet, petentium litteras supplicantium vota diligenter expendis, et quae cum honestate conjuncta sint vel proxime accedant sine ulla cunctatione subscribis, quae vero magnam in se dubitationem aut modum aliquem juris habere videantur ad publicos consiliarios tuos discutienda remittis ne vel minimo cuique per te fiat injuria.

Siena: Sena ... Templa habet insignia pulcherrimisque tabulis pictis ornata; nec alibi vidisse videor meliores picturas et Senenses fuerunt omnes illi pictores egregii.

Roma: Immo vero dolor et commiseratio quaedam pectus meum subiit. Repetebam namque ipse mecum superiora tempora: et armis et gubernatione rei publicae et institutis domesticis et doctrinae et eloquentiae gloria Romanos prae caeteris hominibus floruisse; nunc autem eo pervenisse ut eos mundi fecem appellare possumus. Ita me deus amet, ut tenerae lacrymulae ad oculos meos obortae sunt, cum viderem antiquorum templorum caeterorumque aedificiorum ruinas, arcus illos triumphales penitus dissolutos, Amphitheatra et Colosseum illud augustissimum dirutum et prostratum iacere, Capitolium ipsum nihil habere tanto nomine dignum, longissimos et operosissimos aquaeductus interruptos et confractos, nullas pristini decoris superesse reliquias; partem illam Romanae urbis maxime desolatam quae olim maxime vigebat et frequentissima erat . . . . .

Est quidem (basilica S. Petri) nobile opus, longeque nobilius existeret, si Eugenii inceptum Nicolaique propositum caeteri Pontifices sequerentur, ut Petri templum castello illi munitissimis moenibus jungeretur. Sed dum quique rerum novarum auctores haberi volunt ab aliis utilissime incohata negligunt.

Antonio Rustico

Urb. lat. 743. fol 1—2 Vorrede.
    fol. 3: Panegirycon Divi Federicij C. M. F. atq:
        Urbini. Per Antonium Rusticum de
        Florentia. Incipit feliciter
    fol. 6ª El chaval del pastor con testa altera
        per l'aria volerà in forma d'ucello
        lasciando a Janni la sembianza intera,
        El Tever spargerà con suo ruscello
        disopra alla colonna d'Antonino
        le spumante onde sue clarido et bello . . . .

Dazu am Rande: Dicono alchuni fu vacchaio che libero Roma et pero fu facto di bronzo a cavallo; et altri dicono et maxime Amiano Marcellino ftoryci, che fu facto a similitudine di Septimio Severo imperadore Rº. xxjº imperadore.

    fol. 26ᵇ (a/E) Opera Edita per me Antonium Rustichum
        De Florentia. Die XXª julij MCCCCo LXIJ.